教育部重点课题"基于学生深度学习的教育生态重构"（课题

ZOUJIN XUEXI GONGTONGTI

走进学习共同体

教育的行动、理解与创造

刘学民 著

北京师范大学出版集团
BEIJING NORMAL UNIVERSITY PUBLISHING GROUP
北京师范大学出版社

图书在版编目(CIP)数据

走进学习共同体/刘学民著. —北京：北京师范大学出版社，2021.8

ISBN 978-7-303-27116-0

Ⅰ.①走… Ⅱ.①刘… Ⅲ.①教育研究－文集 Ⅳ.①G40-03

中国版本图书馆 CIP 数据核字(2021)第 142642 号

营　销　中　心　电　话　010-58802181　58802786
北师大出版社教师教育分社微信公众号　京师教师教育

出版发行：北京师范大学出版社　　www.bnupg.com
　　　　　北京市西城区新街口外大街 12-3 号
　　　　　邮政编码：100088
印　　刷：天津旭非印刷有限公司
经　　销：全国新华书店
开　　本：710 mm×1000 mm　1/16
印　　张：15.25
字　　数：220 千字
版　　次：2021 年 8 月第 1 版
印　　次：2021 年 8 月第 1 次印刷
定　　价：69.00 元

策划编辑：何　琳　　　　　责任编辑：林山水
美术编辑：焦　丽　　　　　装帧设计：焦　丽
责任校对：陈　民　　　　　责任印制：马　洁

序一

距今 5000 余年的"红山文化"因其遗址最早发掘于内蒙古赤峰市的红山而得名。这是一种高度发达的文化。其与浙江西部的"良渚文化"、山东东部的"龙山文化"并驾齐驱、交相辉映，是我国灿烂辉煌的新石器文化的重要组成部分。构成中华文明发展基础的村落定居农业、氏族组织和祖先崇拜，在"红山文化"中已有高度发达的形态，其用于祭祀的"红山玉龙"等玉器就是明证。恰如古代"红山文化"独树一帜、光彩夺目，今日赤峰的教育改革亦独领风骚！本书所呈现的即是近 10 年来赤峰课程与教学改革的理论假设和实验过程。它既是一份宝贵的个人历史，又是一份真实的集体叙事。

我与本书作者、赤峰市教育局基教科科长刘学民相识于 2015 年暑期的赤峰市校长高峰论坛。那是一次令人难忘的盛会，来自整个赤峰地区的校长们欢聚一堂，共同描绘课程改革的愿景与方略。那次会议期间，我同时认识了赤峰市教育局副局长及其敬业、有智慧的同事们，林西一中杨良臻校长及其团队，以及一些旗县教育局的领导、校长和老师。自那时起，赤峰市成为我追寻教育理想的精神家园。我热爱以刘学民老师、杨良臻老师为代表的广大赤峰教育人执着追求教育民主的美丽精神，热爱这里的一草一木！尽管我的一些粗陋教育论著在这里被老师们阅读，但我从老师那里学到的远胜于我带给他们的。老师们的人生境界、生活态度、待人接物的赤诚之心、对待事业的责任意识、朴实无华的教育追求和智慧，本身就具有无尽的教育价值。在多年的交往中，我不仅与赤峰的老师们成为教育改革事业的合作伙伴，而且结成了深厚的友谊，以至于有时会与他们梦中相会于课堂上、会议中。

本书由一以贯之的三大主题构成：21 世纪课程改革、教育民主、学习共同体。21 世纪课程改革是指我国 2001 年正式启动的新课程改革，包括 2017 年以高中课程修订为标志的信息时代的课程改革。赤峰市的教育整体改革实验紧密结合我国新课程改革的理念、方向和政策，以素质教育理念为指引，贯彻适应信息时代要求的"素养为纲"原则，从本地学生个性发展需要和教师专业成长需求出发，由此创造出课程与教学改革的赤峰经验、赤峰模式。教育民主是我国自 20 世纪初开启的教育现代化的永恒主题。它以教育中的自由、平等和创造精神为根本追求，以学生和教师的解放为根本目的，以学生和教师的人格与思想尊严的确立为教育的"首要善"。赤峰所确立的"一个都不能少"的教育改革行动纲领集中体现了我国新时代教育民主的根本追求。学习共同体是教育民主的内在要求，旨在改变自上而下、由外而内的控制型教学体制、模式和方式，让教学成为师生之间、学生之间、学校与社会之间、学生与知识之间尊重差异基础上的交往、合作与探究过程。学习共同体既是一种教育和教学的组织方式和体制，又是教师的工作方式和学生的学习方式，还是教师和学生的生活方式。因实现了个人自由和集体价值的真正融合，"共同体的组织与生活"是现代文明和教育现代化的主导性问题。我见证了赤峰市从小学到高中实施了"学习共同体"行动计划之后，学生和教师在课堂上自由表达思想、集体创造知识的感人过程。

我国基础教育改革的赤峰经验、赤峰模式的诞生过程和效果在本书中得到真实呈现。它鲜明昭示我们：教育改革的希望在每一个教室、每一所学校、每一个地方。只要一个地方的教育行政领导、学校校长和教师真正体验并理解每一个学生的发展需要，借鉴世界上一切教育改革的先进理论和宝贵经验，以我为主进行探索与创造，以学生和教师的发展状况是否改善作为判断改革效果的尺度并随时调整改革策略和行为，我国教育改革就一定能够成功。

我国正在以"核心素养"，即适应21世纪信息时代需要的高级能力和道德品格为目标进行基础教育课程改革。本次改革的核心就一个问题，即创造问题。创造是人性本质和最大道德。培养负责任的创造者应成为我国教育的根本目标。每一个学生都需要在创造中长大，而不是"长大了再创造"。创造应成为学生的基本学习方式和教师的基本教学方式。我真诚希望赤峰教育能把学习共同体与核心素养有机融合，以教师的课程创造和学生的知识探究为核心，做出新的探索，以创造出新的赤峰经验和模式——信息时代的学习共同体。

是为序。

张华

2021年1月14日，于西子湖畔

序二

　　我有幸拜读了刘学民老师的新作《走进学习共同体》，确有酣畅淋漓之感！

　　结识刘老师是在 2017 年 6 月，我接到了一通来自内蒙古自治区赤峰市的电话，电话的那一头就是刘学民老师。刘老师当时是赤峰市教育局基教科科长，他从书上、网络上了解到上海的学习共同体的研究与实践，希望能够带着赤峰的校长和老师来上海参加"学习共同体领航教师暑期工作坊"。刘老师曾经是语文老师、校长，当时在做教育管理工作，对一线的情况非常了解，而且熟读杜威、怀特海、佐藤学等教育大家的著作，和刘老师的电话交流，让我有一种故友重逢之感。那一年的暑假，刘学民老师带领一个庞大的校长团队来参加工作坊的活动。自此以后，我就与刘老师和赤峰结下了不解之缘。

　　在刘学民老师的倡导下，在赤峰市教育局和各旗县教育局的大力支持下，学习共同体的学校和区域变革迅速推进。我和团队的很多老师也曾经多次前往赤峰这座草原上的城市。经过四年的发展，克什克腾旗、林西县、阿鲁科尔沁旗、敖汉旗、宁城县等地区都参与进来，教育界同仁共同学习，迅速行动，改变课堂教学的方式、改变教研方式、改变评价方式，广袤的赤峰大地上开始了宁静的课堂变革。

　　作为长期与一线管理者打交道的研究者，我深知改革之复杂、艰难，也深刻理解管理者的困境与不易。但为什么赤峰的改革实践推进如此迅速，这是让所有人都感到惊讶和好奇的。随着交流的深入，我了解到刘学民老师确实是学养深厚，他对哲学、教育学等方面的论著广泛涉猎，他为人谦和真诚，在当地受到大家的敬重，颇具威信。同时，他在赤峰教育局工作的过程中，非常注重对校长和教师专业能力的培养。广阔的草原给了赤峰人广阔的胸襟，在与赤峰广大教育工作者共同努力的过程中，我们看到赤峰良好的教育生态让学习共同体的种子很快发芽、成长、开花、结果。近年来，赤峰基础教育发展情况令人振奋，这也使得学习共同体呈现出生机勃勃的区域发展势态。这与以刘学民老师为代表的赤峰教育界同仁们的长期努力是分不开的！

　　我读刘学民老师的文章感同身受，他的文字是真诚的、清澈的、通透的。刘老师有 30 多年的一线工作经历，也有着对教育的深刻理解与思考，他在思考什么是真正的教育、什么是真正的学习、什么是真正的成长。 这些是教育的"第一性原理"和"原点思维"，也是教育改革与实践的初心。 作为教育人，我们需要和刘老师一起思考教育的根本价值、目的，从而决定教育的方法、路径。 刘老师的话振聋发聩，让我忍不住想要大声读出来：

——好的学校教育，就是在教师的引导下，以教材和同伴为媒介，持续通过学科和生活实践，不断建构新的世界和自我，不断形成自己的思想、观念和能力。成为"自己"的标志是：能够自由地思想，不断形成自己的思想观念和能力。

——真正的教育，要把学校、班级建设成学习共同体，使每个共同体成员走向生命的不断成长、理解和创造，使每一个生命个体时时刻刻都感到生命的价值和美好。

——把生活变成问题解决。当儿童全力以赴投入不确定的生活情境，一定会产生好奇、疑惑，老师要鼓励和引导儿童将好奇、疑惑变成问题。有疑惑、有问题，才有儿童求知欲的开启和世界对生命存在的敞开，这才标志着儿童与学习内容和生活世界发生了相遇和对话，于是产生理智与情感上的探求。于是，在探求的生活中，进行着问题解决，这才体现了"生活的本质即问题"。在问题解决中，探究着，体验着，不断进行着生命的创造。

与学习共同体的相遇，让刘老师对教育有了新的思考，他感到自己找到了教育的"正途"，这不禁令他狂喜，他一直所崇尚的杜威的教育理念可以真正落地，他看到了灯塔照耀下的前路。 他重新审视学习的意义、倾听的价值、教育人的生活方式。 也正是这次相遇，让刘老师开启了自己的创造之路，这是一种精神的丰盈和世界的拓展，也是一种自我和他人共同精神成长的过程。刘老师对于教育新的发现，把他之前研究的很多理念和方法贯通起来，他找到了通往自己内心的路：

——倾听，不是一般的听，是"倾"听，是一份恭敬心、是认真态，是"不诚无物"的天之道也，是博学之、审问之、明辨之、慎思之、笃行之的人之道也。

——基于倾听的相遇，是人与人的相遇，是人与人的心灵相遇，是爱与尊重的相遇，是"诚、敬、信"的相遇，这才是有温度、有风景的人的教育、人的生活、人的成长。

——学习，就是特定思维方式的创造表达。创造，是针对学习者个体而言。个体的新思考、新理解、新体验、新发现，就他个人而言，都是创造。表达，就是"表达"创造，就是不断从已知走向未知、从旧我走向新我的创造。创造，通过表达来实现。教育的第一目的，是培养负责任的、能表达的创造者。

作为一位教育工作者，刘老师一直叩问的"核心问题"有了答案。而作为一位教育管理者，他开始反思如何将自己的理解和发现转化成更多人的共识与行动。他对教师的工作进行了重新定义，他和教育界同仁们共同探讨赤峰教育将走向何方，用怎样的方案能带领师生共同朝正确的方向进发。追求真正美好的教育，解放孩子和老师的心灵，追求师生真正的精神成长，这不仅是个人的修炼，而且是一个追求公平、高品质教育的优秀团队的价值选择。为此，他们制定了长远的规划，描画了清晰的蓝图，让人佩服他们的远见卓识。

——必须办面向每一个学生的教育。……保障每一个学生的学习权，发展每一个学生个性，"一个都不能少"，这是教育的公共使命，也是每一个教育者的良心和底线。尊重每一个孩子，这是"一个都不能少"的前提。……把每一个学生培养成负责任的创造者，使每一个学生拥有批判性思维、创造性思维和复杂交往能力，这是人工智能时代教育的第一目的。

——必须办面向每一位教师的教育。每一位教师，都是目的。欲保障每一个学生的学习权，必须同时保障每一位教师的专业自主与创造。……唯有让教学变成研究，让教师成为课程创生者，让"观察—描述—反思—改进"成为校本教研新范式，让"读书—实践—写作"成为教师新的生活方式，才会保障每一个教师成为反思型实践家。

为了实现以上教育愿景，刘学民老师和赤峰的教育界同仁提出了"一体两翼三评价，建设学习共同体"的主张。基于保障每一个儿童学习权的公共使命，开放每一所学校、每一间教室，让学校、班级、课堂成为学生之间、教师之间、家长之间以及所有教育人之间相互学习、合作共生的场所，在相互学习中实现每一个儿童、每一名教师最好的个性化成长。为此，他们还制定了"六项行动"方案，即在课堂、课程、学科建设、管理、教师成长、评价六个领域里开展行动研究，践行尊重、倾听、对话、民主、研究、创造的学校文化，追求让教学变成协同研究，让成长变成协同研究，让管理变成协同研究，让评价变成协同研究，指向协作式问题解决的学校文化。2020年，赤峰市又在超越"六项行动"的基础上,启动了核心素养时代基于深度学习的学习共同体建设"十大行动",持续推进全市基础教育的生态重构和转型发展。

赤峰基础教育改革发展呈现出蓬勃的生命力,这是唤醒的过程,更是彼此信任、互相支持、共同探索的过程。教育是立德树人的领域,更是精神成长的领域,刘老师对实践的深入反思和理性追问,是弥足珍贵的精神食粮。相信这本书的出版是学习共同体研究与实践的里程碑,会给探索之路上的教育界同仁带来强大的精神动力和智力支持,期待这本书早日与读者见面。

是为序!

陈静静

2021 年 4 月于上海师范大学

目录

第一章　什么是真正的教育

第二章 我们该有怎样的教育信念

第三章 如何在研究中自我启蒙和反思

第四章 如何构建区域学习共同体

第五章　如何在行动中创造行动样式

什么是真正的教育

什么是真正的教育？

我们只有用专业视角进行辨析和判断，进行概念重建，才能照见教育现实的残缺，才会发现教育的深层问题所在，才有可能更理性地展开行动研究。

什么是真正的教育

真正的教育，就是使人成为他自己的教育。

好的学校教育，就是在教师的引导下，以教材和同伴为媒介，持续通过学科和生活实践，不断建构新的世界和自我，不断形成自己的思想、观念和能力。成为"自己"的标志是：能够自由地思想，不断形成自己的思想观念和能力。

教育的起点，是学生的"本能"和已有的经验。教育的过程，是课程。课程，是经验，是联系的和连续的经验提供和生成。教育的存在方式，是生活，是做事，是教、学、做合一，是创造性的实践，是人与环境的持续互动，是相遇和对话，是合作与交往，是探究和体验，是问题解决，是不断产生自己的思想、理解和体验。教育的结果，是生长。生长，就蕴含在过程中，这就是教育以外无目的。教育的本质，是真实的生活。真实的教育就是真实的生活。生活，使教育的目的和手段合一，过程与结果合一。真实的教育，使受教育者感觉自己置身于真实的生活中，而不是接受教育或正在奋力地被动学习。

真正的教育，就是不断让学习真实地发生的教育。

到底什么是真正的教育？真正的教育必须指向每个孩子高品质的学习权，让学习真实地发生。学习真实发生的标志是，学生在问题解决中不断地产生自己的思想和体验。

孩子的创造力是从什么时候开始消失的？为什么学龄前的儿童问的常常是哲学问题，常常让我们觉得孩子的思维怎么这么奇特！其实每个人都有他自己的思想和理解，是后天教育将其模式化了。我们常常按照成人的标准来度量孩子，只要你不符合我的思想，你就是不对的。教育必须要指向孩子自己的理解、思想和体验，也就是达科沃斯所说的，智力的本质就是人的精彩观念的诞生。

比如，数学课上学习"长方体的认识"，学生经过探究认识到长方体是由面、棱、顶点构成的。这里，学生不是简单记住这些"知识"，而是在探究中产生个人的理解，才有创造。从这个意义上来说，每一节课，每个孩子的学习都是创造。张华教授讲过一个观点，他说，教育的第一目的就是培养负责任的创造者。什么叫创造者？创造者就是不断诞生自己的思想和理解。一个小学一年级的孩子，他也是一个创造者。对于他个人而言，创造就是他不断地产生自己的思想观念和体验、不断创造他自己的新知。

让真实的学习真实地发生，我们需要给孩子们提供真实的探究生活。杜威说"教育即生活"，只有在这种真实的生活中，人不断地和生活互动，才能实现"教育即生长"这个目的。"教育就是不断生长；在它自身以外，没有别的目的。"[1]杜威好像说了一个悖论，似乎教育没有目的，又说教育的唯一目的就是生长，这其实是很辩证的一个判断。

杜威进而揭示了"教育就是经验的改造或改组"[2]。那么，教育如何改造经验？在教学中，学生与学科对话，与生活对话，在互动中，不断诞生自己的思想和观念，不断和他先前的经验发生关联和建构，于是经验在不断改造和重组中支撑学生成长。

真正的教育，就是面向每一个生命个体的教育。

老师要抛开一切"前见"直面每个学生真实的存在。"直面"的方式，就是观察、倾听、对话，就是让教学变成研究。

真正的教育，要把学校、班级建设成学习共同体，使每个共同体成员走向生命的不断成长、理解和创造，使每一个生命个体时时刻刻都感到生命的价值和美好。

生命只有一个目的，那就是存在，义无反顾地存在。提出"读书—实践—写作"的生活方式，其实表达了人的应然存在方式：实践性、反思性、对话性和创造性。每个人，都是有"缺点"的存在者；每个人，都

① ［美］约翰·杜威：《民主主义与教育》，王承绪译，61 页，北京，人民教育出版社，2001。

② 同上书，87 页。

是有"偏见"的理解者；每个人，都是今世的暂居者。越成长，你的"缺点"和"偏见"暴露得越充分；越成长，你的向死而生的感受越鲜明。

真正的教育，就是培养真正的人的教育。

读网络文章《耶鲁校长：真正的教育不传授任何知识和技能，却能令人胜任任何学科和职业》，对什么是教育理解得非常深刻。

曾任耶鲁大学校长 20 年之久的理查德·莱文曾说过：真正的教育不传授任何知识和技能，却能令人胜任任何学科和职业，这才是教育，也是判断一个人是否受过教育的标准。

如何理解这句话的意思呢？在教育中，学会的只是学习，会思考，会选择，会判断，会审美，会创造。有此"五会"如何不能"胜任任何学科和职业"？请问爱因斯坦、莎士比亚、鲁迅是谁培养的？是接受知识与技能的结果吗？莱文所说的"真正的教育不传授任何知识和技能"，并非是不具有知识和技能，知识和技能是"五会"自然而然的副产品。

理查德·莱文又说道：如果一个学生从耶鲁大学毕业时，居然拥有了某种很专业的知识和技能，这是耶鲁教育最大的失败。因为，他认为，专业的知识和技能，是学生们根据自己的意愿，在大学毕业后才需要去学习和掌握的东西，那不是耶鲁大学教育的任务。我的理解是，大学的职能主要是通识教育，而不是专业教育。越"通识"，才会在未来越"专业"。通识，是基础，是地基，是上文的"五会"。若此刻"居然拥有了某种很专业的知识和技能"，就会影响基础和地基，这是本末倒置。因而，大学教育是"慢"的生活，基础教育更应如此，教学时间就是用来"浪费"的，而不是用来赶所谓的进度的。走得快和走得远是矛盾的。

真正的教育所培养的真正的人是什么样的？如文章中所言：是自由的精神、公民的责任、远大的志向，是批判性的独立思考，是时时刻刻的自我觉知，是终身学习的基础，是获得幸福的能力。

真正的教育，就是培养创造者的教育。

把教育变成生活。生活的本质，在于真实，在于当下，在于有趣。只有教育与儿童已有的经验和现实生活紧密结合，才会让儿童觉得他不是在接受教育，而是在真实的、有趣的当下"生活"。也只有如此，儿童才会对所学内容产生关心、关切、关联等体验，才会不断同同伴、老师发展倾听与对话关系。这里的切身体验、倾听、对话等，一定是儿童思维和情感纯然的全力以赴。此所谓教育即生活。此生活，即儿童成长之情境。此情境，即儿童本真生命情感与世界互动之境。当人的思维与情感进入纯然的全力以赴状态，就进入了生命的本真状态或创造状态。因此，老师的专业能力在于如何把教育变成生活，如何把教育与儿童已有的经验和现实生活紧密结合。

把生活变成问题解决。当儿童全力以赴投入不确定的生活情境，一定会产生好奇、疑惑，老师要鼓励和引导儿童将好奇、疑惑，变成问题。有疑惑、有问题，才有儿童求知欲的开启和世界对生命存在的敞开，这才标志着儿童与学习内容和生活世界发生了相遇和对话，于是产生理智与情感上的探求。于是，在探求的生活中，进行着问题解决，这才体现了"生活的本质即问题"。在问题解决中，探究着，体验着，不断进行着生命的创造。

好的教育在基本常识的守护处

2017 年 7 月我去上海学习，8 月又把陈静静博士、郑艳红老师从上海请到赤峰，讲学习共同体建设，作以倾听为标志的示范课。

仔细想来，走向倾听的教育学真是了不起，佐藤学教授的发现真是惊天的发现，发现了极高明而道中庸的教育生活常识——倾听，居然让倾听走向了教学的"主场"。

倾听意味着相遇和对话。倾听，是全感官的仔细谛听。倾听，是与广泛接收与体察的相遇。如此的倾听和相遇，如何不会展开"对话"？这才是真的学习，这才是最虔敬的人的生活方式。多彩的生活，魅力的人生，创造的自我，将在倾听基础上的相遇与对话中展开。

倾听，不是一般的听，是"倾"听，是恭敬心，是认真态，是"不诚无物"的天之道也,是博学之、审问之、明辨之、慎思之、笃行之的人之道也。

基于倾听的相遇,是人与人的相遇,是人与人的心灵相遇,是爱与尊重的相遇,是"诚、敬、信"的相遇,这才是有温度、有风景的人的教育、人的生活、人的成长。

基于倾听的教学,意味着尊重每一个儿童的尊严,意味着"任何一个儿童的发言都是精彩的"①,意味着从最基础处、最细节处建立了师生之间、生生之间的亲密关系,是教学中对"尊重"最彻底的行动落实。佐藤学教授说,在教学中是否能够形成协同学习,很大程度上(将近有七成)取决于能否尊重每一个儿童的尊严,而教师的经验与学习的理论、教学的技能不过占了三成。这真是对一般经验的彻底颠覆。市教育局副局长赵兰生总是强调,好的教学中,亲密的师生关系是前提;顺畅的行政管理中,亲密的上下级关系是前提。赵局长甚至不断建议应该将三维目标中的"情感态度价值观"目标放在首位。可见,好的教育在基本常识的守护处。

基于倾听的对话,与客观世界的对话,与他人的对话,与自我的对话,必然会走向"天地与我并生,万物与我为一"的真我。基于倾听的对话,是对生命原始创造力的全面激活,不断在串联与反刍中,发现、编制和创造着新的意义和思想。

只是在现实中,作为基本常识的"倾听"的本质内涵,在我们日用伦常中庸俗化、形式化了。

除了倾听,还有串联、反刍,这几个再普通不过的字眼被佐藤学教授视为教师在课堂上的 3 件"神圣法宝"。课堂里的倾听,孩子们之所以能持续走向"倾"听,能变成一种习惯和能力,在于老师不断以倾听为基础,组织串联和反刍(回归)。比如反刍,是一种回到教材的原点,回到对话的原点,回到自我先前的原点,甚至回到生命的原点,再出发、再品味、再探究。

---

① [日]佐藤学:《教师的挑战》,钟启泉、陈静静译,5 页,上海,华东师范大学出版社,2012。

倾听、串联、反刍，在学习共同体的课堂上，三者，是三位一体的关系、相辅相成的关系，教师不断通过倾听、串联、反刍组织学生"对话"，把"相遇"引向深处。即使是主动学习的学生，三者也是三位一体的统一，不断地实现成长的"相遇"和自我对话。

教育之难，难在对基本常识的体认和守护。

如此简单地说说教育常识的重要，别人常常是不会相信的。参与了课堂实践后，才让我们深切认识到，阅读，既需要理论素养支撑，又需要实践经验体认。同时，我们也认识到，用实践、用探究和体验、用协同学习，对常识概念背后的本质进行还原，有着多么惊人的力量。比如，有多少没有参加过学习共同体实践的人，在阅读佐藤学教授的书时，是将信将疑的，甚至是觉得肤浅、信息量稀薄的，甚至心里暗想：什么知名教育家，也不过如此！倾听，又有什么了不起的？但当我们参与了郑艳红老师的课堂学习观察，参与了陈静静博士组织的课例研究后，倾听、串联、反刍，协同学习、尊重、民主，等等，这些耳熟能详的词语和行为活动，一下子在实践面前被激活了，大有仰之弥高之感。原来，《教师的挑战》我们并没有读懂，更没有领略到其精髓所在。原来，学习共同体实践所倡导的倾听、对话、尊重，恰恰是我们的教育里欠缺的东西。在实践中，我们仅仅将其挂在口头上，并没有落到实处，甚至离实践很远。因为，落实这些行为不仅需要态度，更需要能力和坚持。也只有教师自己是会倾听、能对话、有自尊的人才能落实这些。

再如民主这个词，也是常识。杜威说，民主，不仅是政治程序，更是一种人与人之间共生的存在方式。读懂教育，先要读懂人；读懂人，先要读懂民主；读懂民主，先要读懂解放；读懂解放，先要读懂尊重；读懂尊重，先要读懂对话；读懂对话，先要读懂倾听。有了倾听、对话、尊重这些教育常识的落地，教育民主如何不能实现？这可是教育现代化的核心追求。

常识为什么容易被忽视？并非高不可攀，而是太基础、太广泛。因为太基础、太广泛，更需要深入理性甚至从哲学层面去理解。

好的教育，要从常识出发。

教育，即真实的生活

教育，即真实的生活。

杜威说，人有四种本能：探究、建造、交往、表现。本能，意味着人人先天具有。我们常常忘记了这些本能，以为可以用"培养"来实现无中生有。

学习，本是生活的副产品；知识，本是探究的副产品。

因为本末颠倒了，因为学习与探究剥离、与生活剥离、与儿童经验剥离。

好的教育，是扎根真实生活的教育，是引导学生在真实的生活中，遇到疑难和困惑，形成自己的问题，产生解决问题的渴望和行动，在探究或体验中产生自己的任务和目的，并主动寻找手段和解决方案。在探究中，目的与手段交融，不断走向对学科与生活的理解，发展了理解力。

张华教授说："所谓理解力，就是把学科知识运用于真实生活情境，解决复杂问题的能力。它是人类迎接 21 世纪信息文明之挑战的核心素养。"[1]

成长，即过问题解决的生活。

人，成长于真实的生活中。近日，参观山东省某教育研发集团。仅有小学 5 年在校学习经历的集团创建人，创立了覆盖全国的教育服务体系。何哉？生活中不甘平庸是动力，生活中持续做事，解决问题，为解决问题主动寻找资源，利用资源，才是真的学习。问题解决的生活，才是生命成长的生活。

由此，想到莫言。莫言没接受多少"正规"教育，却过早融入了真实

---

[1] 张华：《走向生活·走向创造》，载《中小学管理》，2017(12)。

而自然的生活体验和探究中，于是有了"莫言们"的生成。

创造力，唯有在真实的创造性生活中才会形成。学习力，唯有在真实的学习生活中才会形成。

杜威说："方法从来都不是某种材料之外的东西。"[①]生活，是最主要的材料构成。偏有人在材料之外传递抽象的知识、方法或理念。

唯有真实的、问题解决的教育生活，才能让学生，也让教师们持续成长。

学校，即有设计的真实生活。

学校主要是创设和优化环境，培养孩子爱的能力和创造的能力，并使之成为学生的习惯和气质。爱，是"相遇"的能力；创造，是通过对话、探究，产生个人精彩观念和为世界"命名"的能力。

好的生活，在于你不经意间创造了一系列事件或故事，又在不经意的回忆中感觉美好。

学校必须和生活打通，必须是有设计的生活。要打破现有课时、学科、年级，整体构建基于真实生活的课程。

学习，即真实的探究和体验。

探究、体验的本质，是人与环境的互动、融合与对话。

探究，是理智活动；体验，是感性活动。生命的活动，一定是理智与情感共同参与的人的活动，否则，即是被异化的机械活动。

探究和体验，一定在活动中展开。学校的价值在于引导学生在活动中持续探究和体验。

活动的真实，在于其目的和手段、目标和过程的同一性。人的生命活动亦如是。

探究和体验，意味着人的存在未被遗忘。"我思故我在"，我探究、体验故我在，我批判、创造故我在，我虔敬、认真故我在。

生命，因探究和体验而得以"敞开"。

教育，即生命参与的教育。

---

① ［美］约翰·杜威：《民主主义与教育》，王承绪译，181 页，北京，人民教育出版社，2001。

雅思贝尔斯在《什么是教育》里说："以正确的方式传授知识和技能，其本身就已经是对整个人的精神教育。"[①]先哲的话真是精彩至极，把当今提出的三维目标关系说得再清楚不过了。张华教授说得也好，应试教育是控制的教育，素质教育才是民主的教育。雅思贝尔斯所说的"正确的方式"其实质就是民主的方式。

钟启泉教授说，真正的学习过程应该是掌握知识、发展能力和形成态度三者的统一。托尔斯泰说，只有全力以赴地思考而获得的知识才是真正的知识。

总之，学习，必须有生命的参与，即师生"情感、态度、价值观"的全面参与，生命参与的主要形式就是思考与行动。

教育，即当下存在的生活

教育，即当下存在的生活。

那么什么是存在？存在是对自我生命运行状态的持续觉知和省察；是生命与世界的双向建构和创造过程，是在与世界互动中对自己的思想、理解、行动、体验的觉知和省察；是自由意志和持续做自己的实践；是生命的成长状态和自我的完成过程；是"向死而生"的死对生的照亮和持续提醒；是自我意识对"我"的随时关照；是生命解放的状态、追问的状态、自由交往的状态、审美的状态、创造的状态；是生命的本真呈现。

遗忘存在，就是对"自我"的遗忘和遮蔽，就是对自由意志的主动放弃。

好的教育，就是彰显存在的教育，就是自我意识不断进行探究和体

① ［德］雅斯贝尔斯：《什么是教育》，邹进译，149 页，北京，生活·读书·新知三联书店，1991。

验的过程，就是不断与世界建构关系和创造的存在。

好的生命存在，就是在"向死"的背景下，不断向真、向善、向美的创造和体验过程。

教育过程即是教育的目的。

教育是为了更好地成全生命。也可以说，生命无目的。

无目的，是无功利、无算计的目的。生命是用来体验、用来创造的。无目的，恰恰是目的性的存在，而非工具性的存在。

无目的的存在，即过程性的存在。过程中的每一个当下，都是目的。因而，人的存在得以敞开和彰显。这个时时处处存在的、具有连续性和累积性的目的是体验出来的、创造出来的。

作为过程的目的，其本质如佐藤学教授所言，是"相遇和对话"①，是受教育者与客观世界，与他人，与自己的三位一体的相遇和对话。是从物质层面到精神层面，乃至到灵魂层面的持续相遇和对话。在相遇和对话中，成己成人，成事成人。在相遇和对话中，体验成长的快乐，创造世界的精彩，发现"浪费"的价值。

相遇和对话，使人与世界融为一体，使生命获得了意义，实现着自由与解放。

什么是真正的学习

什么是真正的学习？

看到佐藤学对其的定义：学习，是相遇和对话，是关系与意义的建构。笔者一时明白，一时糊涂，该如何理解呢？

顺着先生的思路，我继续想：学习，是对真善美的向往和追求，是

---

① ［日］佐藤学：《教师的挑战》，钟启泉、陈静静译，4页，上海，华东师范大学出版社，2012。

对真善美三位一体的自我建构。

一是认知、文化维度的思想建构。通过探究、操作、问题解决等，产生知识、观念和思想，形成创造性思维的能力，指向"真"。

二是社会、政治维度的伦理建构。通过互动、交往，在挑战更高水平思想的同时，产生价值、目的、理由等，形成沟通和协作能力，指向"善"。

三是存在、反思维度的情感建构。通过存在性反思，产生对人、事、物的好奇，关心，关切，关联，同情以及对自己的认识、理解和悦纳，形成体验和感悟能力，指向"美"。

有人说过这样一句话：知识的唯一目的是，让心灵在一切方向上充分涌流。这岂不是"学习是对真善美的向往和追求"的另一种表达吗？

从不同的维度看学习，这是颇有意义的一个话题。无论你从事什么工作，时时处处都有学习发生，学习是伴随终生的，只不过是程度不同而已。学习是相遇和对话，人生的过程也是相遇和对话的过程。

这里的"相遇"，不是我们见面握手寒暄的那种相遇，而是一种情感、精神，甚至灵魂的相遇，是一棵树摇动另一棵树，一朵云推动另一朵云，一个灵魂唤醒另一个灵魂的相遇。因为相遇，产生了关心、关切、关爱，于是开始对话，开始交流。学习的本质，就是学习者不断地与陌生世界、与他人、与自己相遇。什么叫陌生世界？什么叫新的世界？什么叫与陌生世界相遇？什么叫与新的世界对话？也就是说，学习是从已知走向未知的一个过程，这才是真正的学习。

"对话"这个词虽然大家也都在说，其实它是一个不容易理解的词。在现代社会里，人和人之间的关系是一种倾听和对话的关系。在杜威的教育观里，一个重要的观点就是强调人和世界的关系是一种对话的关系，就是由旁观者的认识论，或者由主客二元论走向主客融合的关系，即参与者的认识论。这种主客融合的人和世界的关系，是交互作用的关系，也就是对话的关系。"对话"一词，如果我们再进一步给它引申，课堂上孩子在学习的过程中，他不断地去解决问题和探究，那么这个探究的过程其实就是对话。这种对话，它更强调一种基于解决问题的思维。如果说"相遇"是让我们学会关心的话，那么"对话"是让我们学会思维。

我们在学习中的"相遇和对话"是一体的，不是分开的。只是为了要把它说清楚，才把它分开来说。

课堂上老师们不断组织孩子学习，与文本对话（文本是对世界的抽象），与同伴对话，与自我对话。我们说应试教育是不好的教育，是因为其用外在分数、物质的奖励让孩子被迫地去学习，去死记硬背、机械训练，它和这种"相遇和对话"正好相反，它既没有和世界相遇和对话，也没有和他人相遇和对话，更没有和自己相遇和对话。我们很多人为什么不能和自我独处，因为他是没有自我的，没有实现与自我对话。就一个人的成长而言，与世界对话、与他人对话，是为了更好地与自我对话，让自己不断成长。

我们再换一个角度来理解学习。学习，就是做事，就是协作探究、解决问题、建构自己的思想和意义。从这个角度说，它包括三个要素。解决问题过程就是探究，同时就是创造的过程。所以，教育的第一目的是培养负责任的创作者。什么叫创造者？就是不断地建构自己的思想和意义的人。否则，我们就是被动接受知识，接受的是僵死的、没有活力的"惰性知识"。

再看学习成立的条件。佐藤学教授说，真正的学习，首先是要符合学科的本质。比如说语文，它一定要强调语言的建构和运用，这才是语文的特点。其次是建构相互倾听的关系，最后是冲刺挑战性的学习，向高水平迈进。佐藤学教授借鉴苏联维果斯基的最近发展区理论，认为孩子学习没兴趣，常常是因为它过于简单，缺少挑战性。学习常常会出现一种逆袭的现象，简单的问题孩子没有弄明白，却挑战解决了高水平的问题，反过来他又把原来不懂的简单问题也解决了。我们成人的学习也有这种现象。

这里涉及深度学习。《普通高中课程方案和语文等学科课程标准（2017年版）》出台后，有一个热词，就是要解决浅表学习、虚假学习的问题，教育部提出了深度学习。什么叫深度学习？一种观点认为：深度学习是学习者以高级思维的发展和实际问题的解决为目标，以整合的知识为内容，积极主动地、批判性地学习新的知识和思想。这里的高级思维，又称高阶思维，也就是要走向迁移应用创造那个层次的思维。或者说，深度学习，一定是高级思维的发展。

概括起来，深度学习有三个特点。第一就是理解与批判，注重知识学习的批判性理解，而不是不假思考地接受。第二就是联系与建构，强调新旧知识之间的联系，多学科知识的融合。比如说，我们在学科中分了物理、化学、生物等，但我们人类所处的现实生活，是这样分类的吗？不是的。它是一个完整的生活。所以说英国数学家、哲学家怀特海有一个了不起的观点，他说"教育只有一个主题——那就是多姿多彩的生活"[①]。这就是要联系和建构。第三就是迁移和应用。重视学习的迁移运用和问题解决，也就是在新情境下运用所学解决问题。

学习，即表达、创造

学习，就是立言、写作。

学习，就是学习者在与情境互动中，在倾听、对话中，不断创生自己思想和体验的过程。

学习的过程，是思维不断从已知走向未知的过程。

记录，就是记录自己随时发现和创生的思想和体验。因而，记录的本质就是创造。

总结，就是对倾听、记录的整理和再加工，就是让自己的思想、体验继续延伸和创造。因而，总结的本质就是创造。

学习，不断在记录中、在总结中循环展开，也就是不断指向创造。

学习的本质，是创造，创造世界，创造自己。学习情境，是创造的背景和动力。学习对象，是创造的媒介和工具。

创造的基本形式，就是表达，包括口语表达、书面表达和实物作品

---

① [英]怀特海：《教育的目的》，庄莲平、王立中译，9页，上海，上海文汇出版社，2012。

表达。

最常用、最便捷、最深刻的表达方式，就是"写作"（包括一切成果性的表达）。

高品质的生命，就是学习，就是书面表达。创造，就是"写作"。

只有进入"写作"的状态，你才会发现，世界和你自己，远不是你所听到的、看到的那个表象，会不断有神来之笔，有"意外"发现。

写作，是一个不断用沉思与世界、与自己协同对话的过程。于是，世界，开始慢慢向你敞开，你，开始慢慢走进世界。于是，你不断发现世界、发现自己。

人，真的是自己和世界的立言者、命名者。

只有成为立言者，你才真正领会生命的存在；只有成为立言者，你才真正是文化意义上的"人"。

任何学习，任何成长，都要指向表达：做、写作、创造；做出来，写出来，创造出来。

学习，就是特定思维方式的创造表达。

创造，是针对学习者个体而言的。个体的新思考、新理解、新体验、新发现，就他个人而言，都是创造。

表达，就是"表达"创造，就是不断从已知走向未知、从旧我走向新我的创造。创造，通过表达来实现。

教育的第一目的，是培养负责任的、能表达的创造者。

任何学科的学习，都是为了表达——表达世界、创造世界；表达生命、创造生命。所学内容，无非是实现表达的媒介。

不同的学科，有不同的表达方式。表达方式，即思维方式、实践方式、存在方式。

思维方式，是人和世界交往、对话的方式。

每个学科的学习，都要指向体现该学科特有思维方式的表达、创造。

你学习什么学科，你就是在实践该学科专家的思维方式。

学习的真实，意味着学习者按学科专家的思维方式而产生个人的思想、理解和体验。

面对生活，常常是以模糊学科界限的综合方式来把握世界的。但是，人又常常在特定情境下基于表达需要而无意识地选用某种学科表达方式或综合表达方式。

所有的学科学习，都要指向不断用学科"语言"进行表达和创造。

传递式、控制式的课堂，之所以是虚假的学习、被动的学习，是因为没有让学习的过程指向表达和创造。

表达和创造的方式，就是"让教学变成研究"，就是基于真实情境的问题解决和探究过程，就是在与情境互动中不断倾听和对话的过程。

语言的写作，学科"论文"的撰写，各类作品的形成，是更深入、更高级、更专门的表达与创造。

福建师大潘新和教授的指向写作的表现——存在语文本体论，原北京二十二中老师孙维刚要求学生写数学小论文，芬兰、美国倡导的实物创造的表现性评价，无不指向了这种更深入、更高级、更专门的表现和创造。

所有的学科教学，都要引导学生指向"专业"的表达和创造。

学习，就是创造自己的自由和自由的自己。

生命，作为学习者的运行状态，不断向未知、未来的可能性开放。因而，人是不断超越自我的创造性存在。

人，最大的希望，就是不断觉得有希望。希望，就是向着未来的可能性。

人，忍受不了被控制、被奴役，是因为忍受不了单调、平庸、乏味和被工具化。于是渴望通过创造来抵制。

人，为了创造，为了能够不断向未知、未来的可能性开放，才渴望自由，争取自由，捍卫自由。

创造，就是创造自己的自由和自由的自己。

唯有创造的生活，才是自由的生活。能够表达、创造，是自由的最高表现形式。

表达、创造的本质，是在通向未知未来的途中，不断与真善美实现新的相遇和对话的过程。

教育的第一功能是启蒙，让生命走向理性觉醒，走向对自由的渴望、争取和捍卫，走向与真善美的持续相遇和对话。在启蒙中，在运用自由意志中，不断让生命指向表达和创造。

生长，就是自我创造。

生命，首先体现为生，即生活、生长，是生命带着本能，向着未来不断开创新的道路。于是，在开创中，在回顾由自己所开创的"新路"中，生活、生长都具有了新鲜、温暖而光明的意义。生活、生长的本质，于自己而言，就是创造。创造的基因，就是本能，就是杜威所说的探究本能、建造本能、表现本能、交往本能。

什么是生长？就是本能逐渐生成自我意识，自我意识不断生成精神。

什么是自我意识？就是把自己当作对象看，或把对象当作自己看的意识。

什么是精神？就是自我意识在知、意、情等方面所建立起来的真善美。

生长，本质上是自我的本能在与环境互动中自由的生长。传递、灌输、控制的教育，是反本能的教育，因而，其常常压抑、破坏了生长。

什么是教学

现在的教学现状一般是什么样的？口头上，常常是对"教师主导、学生主体、训练主线"的模糊认识；行动上，主要是以控制为主的直接传授知识。即使使用了所谓的"导学案"，但多是以填空、问答等形式，让孩子到教材中快速地找答案。虽然导学案里也标示着探究性学习，但其实很少有探究的成分，孩子基于比赛或竞争，匆忙地翻教材，然后填空、得出答案。它本质上依然是传递性教学，依然是灌输的，没有把知识当作探究的对象和解决生活问题的工具，教学过程是去情境化的。

一、什么是教学？

到底什么是真正的教学？教学，就是在教师的指导下，师生基于真实的问题情境，通过自主和合作解决问题，对知识和生活进行探究和体验，产生自己思想和理解的过程。

我们常常说，教学要创设问题情境。为什么要创设问题情景？如何理解问题情境？这里的"问题情境"，一般指的是体现一个完整主题和单元的大问题情境。那种为了激发孩子所谓的兴趣，提出一个小问题，或者讲一个小插曲，导入新课，不是真正的问题情境。基于问题情境的教学，是让学生在一节课、一个单元的学习中，都浸润在完整而真实的问题情境之中。情境是什么意思？就是有人参与并与之相遇的生活世界，有人参与的这个世界才叫情境。在这个情境中，学生遭遇他不能把握的、不能确定的疑难和困惑，于是师生进行合作探究和问题解决。由此，教学变成了在情境中进行问题解决或者任务完成的一个过程。当把这个问题探究清楚了，任务解决了，回头再看知识，知识已经"掌握"了。这就是说，知识掌握是问题探究的副产品。这种"掌握"，不是原封不动地接受，而是基于个人体验和理解的，因而称之为创造新知。

与过去的教学相比，这是一个彻底的翻转！

可是实际教学中，我们却要搞所谓的高效课堂。高效课堂本质上追求的是知识本位，单位时间内掌握的知识越多越好。于是课堂上，传递、灌输、控制大行其道。比如，五分钟把这个知识点传递完，然后用训练做"掌握"的保障。再如，不少教师常常在课堂上说，某个问题在高考哪一年、哪一个省出过，于是把当前面对的知识点直接链接到高考，直接指向答案，破坏了问题情境，省略了探究的过程。

我们要追求的是真正的教学，基于问题情境，必须把知识和生活当作探究的对象去问题解决。这个过程有个人的探究学习，有同伴之间的协同学习，还有以小组为单位或者个人面向全班进行学习成果展示的表现性学习。围绕着问题情境，进行探究学习、协同学习、表现学习，问题情境是贯穿教学始终的，是学习者置身其中的环境或背景。如图1-1所示。

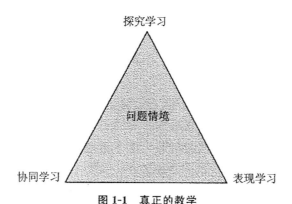

图 1-1　真正的教学

二、教学的本质

对于教学的本质，我们需进一步追问。

一是基于问题情境和任务的探究学习，问题由谁来提出？问题是怎么产生的？问题的意义是什么？课堂上最怕的是孩子们自己没有问题。一个真正热爱生活、喜欢动脑的人经常会遇到困惑，想问个究竟，于是困惑形成问题。能够提出问题，它标志着思考和行动的深入程度。有问题是一个人思维深刻的标志，也是一个人情感有深度的标志。情感思维有深度，才有困惑，才产生问题。试想一下，如果学生没有问题和疑惑，真实的学习如何发生？所谓的"被学习"就是在没有真实问题下产生的。另外，有问题还标志着学习者面对新情境时有足够丰富的经验。我到过很多学校，发现不少校长很难说出学校的问题到底是什么，很多教师也找不出问题来，他们最大的问题是不知道自己的问题是什么。就一节课而言，孩子为什么不能产生问题？孩子的兴趣是从哪里来的？动力是从哪里来的？杜威说孩子有探究的本能，他有好奇，有疑问，在他头脑中生成了问题，他渴望解决。

有人会说，基于问题的探究性学习好是好，但是考试不容易得高分，这是对探究性学习的误解。如果孩子们天天自己提问题，然后不断解决问题，这标志着学生的学习进入了非常深入的思维状态。我们倡导单元学习，倡导单元设计，就是要打破知识本位、课时本位，走向素养本位。只有单元体现为一个完整的主题或项目，才是一个完整的真实的问题情境。孩子们在这个完整的真实的问题情境面前，在围绕着大问题探究的过程中，不断产生小问题，不断走向深入的学习。这才是真正的学习。

二是为什么要进行基于教师、同伴相互倾听、理解的协同性学习？教育学家达克沃斯说，教就是倾听，学就是告诉。当教师组织孩子们在问题情境中去探究解决问题的时候，他不断地倾听孩子，同伴之间也要倾听。倾听才是参与者，而不是旁观者。倾听不仅是用耳朵听，还是眼耳鼻舌身意全部敞开、投入、接纳的状态，因而倾听是最好的学习。最有能力学习的人是最善于倾听的。教师的倾听，旨在理解学生、理解学生的理解，不断鼓励学生产生和创造自己的思想和理解。学生间的相互倾听，旨在多元地理解同伴，反思自己，触发自己产生更深入、更多元的思想和理解。

三是为什么要相互展示交流自己的作品、思想？一个是让自己的思维外显化，一个是课堂作为公共空间，同伴之间的这种交流，每个人的思想都要接受大家的检验和修正。教学要经历这样的过程，当学生说出自己的观点之后，他的同伴做出评价，彼此都再次做了一次修正性的理解。

四是为什么要把教学变成研究呢？因为学科的本质就是问题。教材是学科专家编写的供学生学习的"学材"，给学生呈现的是问题。任何知识本质上都是批判性的，是探究性的，是实践性的，是解释性的。所以教学要进行问题解决，进行探究式学习，而不是传递式接受式学习。那么教师做什么呢？按佐藤学教授的观点，主要是倾听、串联、反刍。不断地倾听学生，组织串联，串联学生和文本、和同伴、和自我之间对话的关系，把学习不断引向深入。当对话无法深入的时候，要不断返回问题的原点，不断返回教材文本，进行反刍，进行再出发。教师教学的主要任务之一，就是构筑学生相互倾听的关系。基于倾听的教学蕴含着一种新的价值观、认识论和方法论。它超越了个人和个人、个人与社会、不同群体之间的割裂和分离，走向彼此的互动、共享和融合，使每个学习者由原来的旁观者变成基于真实问题情境的参与者，由过去较为固定的教学程序(如五个环节、六个步骤等)，走向持续探究的问题解决。课堂不再是固定环节和步骤的分割，而是浑然一体的智慧行动。

这使我们得出一个结论，好的课堂是"不好看"的。我们过去的各种教学竞赛，课堂注重教学的表演性，要好看，怎么开头怎么结尾，中间是否高潮迭起，声光电手段运用是否精彩。好的课堂是简单的、朴素的。我们要纠正过去那种片面追求视觉效果的课堂，真真正正地关注孩子。孩子把思维情感完全投入问题情境的解决之中，深入地参与、深度地思维，同伴之间进行深度的对话，构成同伴之间柔和的、安全的、润泽的关系，这才是真正的学习。这种学习是线性的吗？是教师规定的，按照教学目标，一步一步地往前走，前10分钟完成第一个目标，前15分钟完成了第二个目标，是这样的吗？不是的！

五是教和学到底是什么关系？不是先学后教，不是先教后学，不是以教师为主导，以学生为主体。陶行知先生概括得最好，是教学做合一，是怎么做就怎么学，怎么学就怎么教。也就是说，教和学是相互依赖互动融合的关系，没有谁先谁后谁主谁次的关系。教与学，从孩子的角度说，就是学习，就是在做；从教师的角度说，就是在教，就是在做；从评价的角度说，教学评一体化，在教与学的互动中，不断地产生评价，倾听中的一个眼神、一个点头都是在评价，评价很自然地嵌入教和学的过程之中。

三、教学的基本要素

通过对教学本质的揭示，教学有没有基本的要素？张华教授曾经在讲座中提出这样四个基本要素：问题与情境、协作与探究、倾听与对话、展示与交流。它们是什么关系呢？如图1-2所示。

围绕着问题与情境，进行协作与探究、倾听与对话、展示与交流。不同风格的学科教师，面对不同年龄段的学生，不同的教学内容，去创造、生成每个教师自己的课堂。这就是我们所倡导的协同研究的教学。

综上所述，协同研究的教学是对灌输式教学的"哥白尼式革命"，具体表现为：

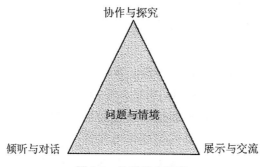

图 1-2　教学基本要素

从以教为主，翻转为教学合一、以学生的学习为主；

从讲授式，走向倾听和对话；

从重复性教学，走向教学即研究；

从接受式学习，走向探究体验的实践性、创造性学习；

从目标教学走向基于真实情境的问题和任务解决；

从以自学为主，走向"自主＋协同"学习；

从"教案"，走向"学例案"；

从"教教材"，走向以教材为介质的"问题解决"；

从知识本位的课时，走向素养本位的单元。

什么是课程

什么是课程？早在 2001 年以前，这个耳熟能详似乎谁都懂的词就已经进入我们的视野。经历了近 20 年的新课程改革，到底什么是课程？课程是不是就等同于学科，等同于教材？现实中还存在很多认识上的误区。

佐藤学教授说，课程就是学习的经验或者叫学习的履历。那么什么叫经验呢？杜威作为实用主义哲学家，如果说他的哲学里面有一个核心的词，那就是经验。这里的"经验"和我们过去理解的经验不一样，它是由做事和承受两个行动合起来构成的。我们一方面要尝试去做事，做事的时候要承受某种体验和结果。杜威说，教育即成长，而生长就是经验的不断改造和重组。我们工作了20年，30年，40年，按道理说应该有丰富的经验了，但是我们怎么没有成长起来？是我们做事的过程和承受的结果之间，它们的关联没有形成足够明晰的知觉和思维，我们对经验的改造和重组不够。人和世界的关系，和人操作的对象，只有在过程中不断进行探究和体验，才构成人的经验。

我们再看课程这个词，由"课"和"程"两个字构成，这种学习的经验，如果说"课"更强调的是学习内容的话，那么"程"是纵向的时间，体现教学展开的过程，合起来构成课程。

我们做了很多调研，进入高中、初中、小学听课，总体上感觉课程教学存在这样几个问题：第一，把课程切割成一个一个独立的、互不关联的学科；第二，把学科切割成课时，就这一课时说这一课时，课时和课时之间的连续性和呼应不够；第三，把课时切割成环节，课堂里环节太多、太烦琐，教师按照教的逻辑设计，一个环节一个环节走；第四，把环节切割成碎片化、贴标签式的知识点。这是我们的"课程之殇"。

好的教学要体现好的课程生成，应该是超越知识点走向学科观念。用首都师范大学王尚志教授的话说，我们要一批知识点一批知识点地教，或者一批问题一批问题地解决，而不是一个一个的线性思维。这样才能还原成作为课程、作为经验的这种探究性、过程性和关系性。

基于"课程就是经验"，我们可以这样理解课程，课程就是教师带领学生，在真实的问题情境中，在与学科或生活的持续互动中，通过自主和协同探究，持续解决问题所创造的教师和学生个人的思想和意义。

一、课程的要素

那么，课程由哪几个要素构成呢？如图1-3所示。

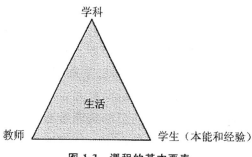

图 1-3　课程的基本要素

　　课程是教师引领学生，在与学科和生活互动中，创造出来的经验和思想。课程主要包括教师的经验、学生的经验、学科及生活等要素。学科是来自生活的学科，生活是学生成长的问题情境。因此，学校进行课程开发和设计，既要考虑教师的经验和思想，也要考虑学生的现有经验、学科及校内外相关生活的资源等。其中，教师的经验和思想具有决定作用。现实中，很多教师成长缓慢。一方面，对自己的学科素养和专业素养认识、反思和积累不足；另一方面，灌输、传递、训练的教学模式没有使教师走在创生课程的道路上，因而也就没有真正的专业成长。

二、课程的结构

　　从管理的角度，课程分为国家课程、地方课程、校本课程。如图 1-4 所示。

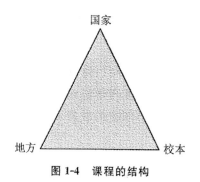

图 1-4　课程的结构

我把它变成一个三角形来阐述。三角形体现的是国家、地方、校本三位一体，不可分割。不要把它分别说成"这是国家课程""这是地方课程""这是校本课程"，因为所有的课程最终都是校本课程。我们做课程开发，就是要把国家课程、地方课程做校本的转化和创生。或者说，课程必须走向学生的经验和生活，创造学生的经验和思想。

三、课程的生成

从课程的生成来说，可以分为三个阶段，即学习经验的"设计"、创造学习经验的"课堂实践"、学习的"反思和评价"。

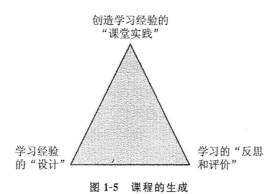

图 1-5　课程的生成

从逻辑上它们具有先后顺序，学习经验的"设计"、创造学习经验的"课堂实践"、学习的"反思和评价"，是课程的三个阶段，但也是融为一体的。也就是说，教学设计、教学实施、教学评价，构成了一个完整的课程链条。按照佐藤学教授的观点，一个完整的课程作为经验的建构过程，应该是在一个学期或一个学年所生成的孩子学习的履历。当我们把课程放到这个高度认识的时候，在设计课程的时候就会关注人的成长，就和我们逐节课教知识点截然不同了。

四、课程的形态

课程的形态可以分为两种，一种是阶梯型，一种是登山型。这是佐藤学教授的创见。如图 1-6、图 1-7 所示。

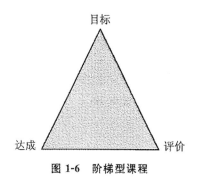

图 1-6 阶梯型课程

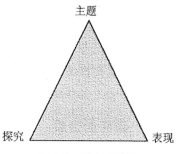

图 1-7 登山型课程

我们传统的目标教学或者传递式教学，就是目标、达成、评价的阶梯型课程形态。用洋思中学的话说，就是堂堂清、周周清、日日清。我们现在所倡导的这种课程，它是不鼓励什么堂堂清、周周清、日日清的。人的成长过程问题重重，相连相续，怎么能"清"得过来？我们如果说教育非得有目标的话，它一定是指向人的成长的！你总不能说他完成了今天的成长吧？怎么能量化他的成长？什么叫学完了？这个是很难评价的，这是行为主义的目标理论。我们为什么要反对它？为什么强调单元、强调学期？原因就在这里！

我们倡导的是主题、探究、表现的登山型课程，无论是主题教学、单元教学，还是项目教学，都要围绕一个相对完整的主题或大观念进行探究，探究的过程就像登山一样。阶梯型课程是别人给你铺设好台阶，已经规定好路径了，你亦步亦趋往上走就是了。登山就不一样，有的人可能按照导游设置的路径走，有的人是自己从羊肠小道走，有的人则是从山的背面上去的，最后殊途同归。沿着不同的路径去探究，探究的过程也是不同的，体现了每个人学习的创造性。

那么在这个过程中，孩子在一个真实的主题、任务下去探究，他所获得的经验，就是一个完整的、鲜活的、有再生能力的经验，而不是抽象的知识。长此以往，一定是三维目标的整合，在过程与方法之中的知识与技能、情感态度价值观不断地达成，不断指向核心素养。

五、课程的理念

新课程的理念体现为新的价值观、知识观和方法论。如图 1-8 所示。

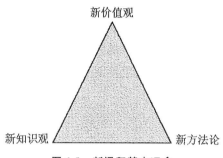

新价值观

新知识观　　　　　　新方法论

图 1-8　新课程基本理念

这需要我们把耳熟能详的词，重新去理解，如"实现教育现代化"。实现教育现代化，就意味着要实现新型的教育民主，新型的教育民主就意味着教学走向探究，走向合作，走向倾听和对话。它的标志就是解放每一个孩子、每一个老师、每一所学校。教育是引领学生，包括我们自己，走向自由和创造。我们每个教育者是否在解放着自己？我们是否在解放着学校的每一个教师、每一个孩子？这是我们新课程追求的价值观。

要解放每一个学校、每一个学生、每一个老师，标志就是让教师的教学、学生的学习、校长的管理走向个人的生命创造。什么是生命创造？你每一天都有新发现，都有新探索，都不断地让自己有新的成长和新的自我实现。这些话，我们要变成一种生活的实践方式。在知识观上，要把学科知识的本质特性理解为批判性、假设性、实践性。任何知识都需要我们批判质疑，任何知识都是一种解释和假设。爱因斯坦颠覆了牛顿的理论，爱因斯坦说，终究有一天还会有人颠覆我的理论，科学在向前发展。学科知识不是终极真理，每个人都需要重新认识知识是怎样产生和发现的。无论我们是学习者还是知识的传播者，都要沿着知识产生和发现的过程进行重新"创造"。这就是新课程追求的方法论。

经济学家茅于轼就阐述过这个观点。他说做经济学该怎样做呢？就是知识是怎样产生的，怎样发现的，我们就要怎样来学习这个知识。当然有人会质疑说，我们几千年的人类文化是这样探索出来的，难道我们也用几千年的时间去发现和创造这些知识吗？当然不是。因为我们有学科文本这个支架，在这个支架的基础上，我们不是直接接受知识，而是把它变成探究的对象，把学科和学科背后的生活，当作探究的对象，把知识当作解决问题的工具，以此来实现对知识的个性化理解，变成你个人的思想。

什么是教师成长

一、什么是教师成长？

首先应追问什么是人的精神？

邓晓芒教授说得特别好。他说，精神"就是自我意识在'知、意、情'，也就是知识、意志、情感三个方面，所建立起来的'真、善、美'"①。这种观点，我甚为认同，由此，人的精神成长就是人对真善美的追求的成长。可以用两个关系图来描述。

简单理解，核心素养就是对真善美的实践能力。真，指求真。求真，就要去思维，去探究，去破除迷雾，去穷尽真相。这不就是指向批判性思维吗？善，追求人和人之间适当关系的实现，不就是去沟通、去协作、去交往吗？美，指向审美的表达和创造，体现为一种创造精神。爱因斯坦提出"狭义相对论"，绝不仅仅是用推演、数据、公式推导的结果，他一边研究一边拉着小提琴去捕捉他的创造灵感。人

---

① 邓晓芒：《哲学起步》，78 页，北京，商务印书馆，2017。

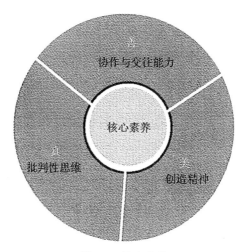

图 1-9 核心素养

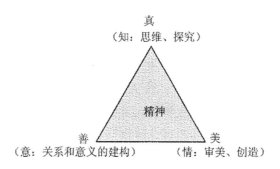

图 1-10 精神结构

的创造力背后，一定是有大情感的。科学家是这样，艺术家亦是如此。信息时代，复杂交往能力日趋重要，每个人都需要有与人交往的协同合作能力。所以说，核心素养是实践真善美相统一的一种精神。

　　教师成长，首先意味着教师的精神成长，意味着不断走向与真善美相遇和对话的教育人生。我们能不能通过改革，先把教师的这种生命价值唤醒？

　　教师作为专业人员，真善美相统一的精神要指向具体的专业素养。舒尔曼提出教师应该要有学科教学知识，一个是学科知识，一个是教育学知识。在我看来，教师应具有这样三个方面的素养：学科素养、教育素养、人文素养。三个方面分别指向学科、教育和人。如图 1-11 所示。

图 1-11　教师专业素养

二、教师成长的途径

一是践行"读书—实践—写作"的教育方式。如图 1-12 所示。

"读书—实践—写作"，这里"实践"是核心。实践，意味着创造，创造"让教学变成研究"的课堂世界，在创造性的教育实践中，实现教学相长。为了使"实践"更有力量，要给它插上两个翅膀，一个是读书，一个是写作。读书，意味着和经典对话，要读学科类的经典，读懂学科；读教育类的经典，读懂学生和课程教学；读人文类

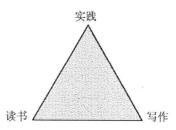

图 1-12　创造型教师成长方式

的经典，读懂人和社会。通过和别人对话，来开拓自己，成长自己。写作，意味着深度反思，意味和自己持续对话。持续地反思是最有力量的成长。上海师范大学附属中学的郑艳红老师，一年就发表了 19 篇文章，从这里我们可以看到名师是怎样成长起来的。人的成长不就等于实践加反思吗？很多人恰恰就是因为反思的不够而成长缓慢。朱永新教授说，如果你每天写 1000 字，连续写上十年，你要不成为优秀教师都是不可能的。要我说不用写 1000 字，每天写 500 字，想不成为优秀教师也是不可能的。读书—实践—写作，三位一体，我们不断地进行创造性的劳动，在扎根实践的过程中不断与他人对话，不断地与自我对话，于是个人不断地实现这种与真善美的相遇和追求，我们的精神就成长起来了，我们教师的专业高度就出来了。

二是建立"观察—描述—反思—改进"的课例研究范式。

由过去的"观摩—评价—建议"的听评课范式，走向"观察—描述—

反思—改进"的课例研究范式。这借鉴了德国哲学家胡塞尔的现象学。我们坐在孩子身边观察，如实记录所观察到的，进行描述，然后针对描述进行反思，反思教学的优点和不足，思考如何改变自己的教学。我们为什么会几十年坚持自己的错误不动摇？就是因为我们很少去观察孩子，很少去描述，很少去自我反思。佐藤学教授说，一个学校如果要转变，唯一的方式就是要走这种"观察—描述—反思—改进"的课例研究范式，没有第二个法则。

这种基于"观察—描述—反思—改进"的校本教研新范式，要成为学校管理的中心。第一就是围绕课堂转型，校长、教师、专家围绕课堂互动，实现课堂转变，这是学校改革的逻辑，也就是课堂是核心。有没有能力读懂我们的老师、读懂我们的孩子、读懂我们的课堂、读懂课程、读懂学科？这给校长提出了一个挑战。

以课堂为核心的学校变革逻辑，我用四个同心圆来说明，如图 1-13 所示。

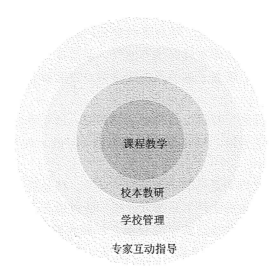

图 1-13　学习共同体建设的学校行动逻辑图

这四个同心圆当然没有大小之分，只是用大小来体现出它们的逻辑关系，更直观一些。

最内核的就是课程教学，它的核心是课堂和教师成长。课堂转型和教师成长是一件事。如同学校的管理转型和校长成长是一件事，学校转型了，校长也就成长了，学校如果没有转型，校长就没有好的成长。

以课堂为核心，学校管理的重心就是校本教研。校长不能再当"警察"，天天关注这个老师迟到了，那个孩子旷课了。以控制为主的管理是最低级的管理。校长通过对校本教研的经营，不断引导教师去发现课堂、发现儿童、发现自我，教师的研究能力、自我成长能力是不是就越来越强？然后一定要邀请专家走进校园，在互动中成为一个大的学习共同体。于是，这四个同心圆协同互动起来，就会慢慢形成学校良好的教育生态。

三是恢复三个追问，追求三个打通，实现三个建构。

恢复哪三个追问呢？恢复建立每个教师对生命价值的不断追问；恢复建立每个教师对教育价值的不断追问；恢复建立每个教师对课程、教学、学习、学科等教育元问题的不断追问。

要一辈子追问自己的生命价值，要一辈子追问自己的教育价值，要一辈子对课程、教学、学习、学科等教育元问题进行追问。用"恢复"是个什么意思呢？就是人原本就应该有追问，但是这个问题的追问早被重复性劳动遮蔽掉了。恢复了这种不断的追问，可能就会追问出不同平常的人生轨迹。

追求哪三个打通？打通工作与生活的界限，过完整的教育生活；打通学科与跨学科的界限，过完整的专业生活；打通工作与退休的界限，过完整的精神生活。

也就是说，我们不要局限于你是教语文的，我是教数学的，他是教美术的，我们教师这些学科不是都学过吗？所以说千万不要给自己的学科设限，也千万不要给自己的年龄设限。北师大教授王宁是2017版普通高中课程标准修订组的组长，80多岁了，还在写文章、研究问题，真了不得！周国平，70多岁的人了，上次我们请他到赤峰来讲学，我问他的一日作息是怎么安排的。他说白天主要以写作为主，晚上回到家里，以阅读为主。并且他还有一个庞大的阅读计划，准备从古希腊开始从头读起，读过的重读，没读过的补读。这是一个70多岁人的阅读计划！我举这几个例子是想说明，千万不要给自己的学科、年龄、专业背景等设限，人真是有无限的发展前途，我们真应该珍惜我们的生命。打通工作和退休的界限，过完整的精神生活。其实，界限是工作制度给我们设置的。作为一个人，在这个世界，我们要追求一种完整。

实践哪三个建构？就是不断建构、提炼自己的教育哲学、工作模型和实践策略。

每一个教师一定要有自己的教育哲学，哪怕是最初级的"偏见"。一旦你有了自己的教育哲学，在读书的时候，在倾听别人的时候，你就可以用你的观点，去学习别人，然后不断地调整你自己。我觉得现在最大的问题，就是教师没有自己的观点和主张，没有自己的见解和思想。达克沃斯有句话特别精彩，她说，智力的本质就是人的精彩观念的诞生。教学，教师要给孩子创造机会，激发学生让他们产生并遵循自己的思想和观念。工作了多年，难道我们教师没有产生自己的思想和观念？没有形成自己的教育哲学？

工作模型是对自己教育哲学的实践"建模"，具有相对的稳定性。实践策略，是教育哲学指导下的方法论体系。

总之，教师职业的特殊性，决定了教师要做一个不断成长的教育者，做一个不断实践的教育者，做一个不断追求正确的教育者。第一，什么叫不断成长？我们让孩子天天成长，我们自己也要不断成长。人只有不断成长，生命才精彩，才感觉到自己是一个不断发现、有创造力的人。第二，做一个不断实践的教育者，就是要不断地进行创造。第三，做不断追求正确的教育者，做正确的事永远比正确地做事重要，方向一定要对，路径一定要对。三句话概括为一句话，就是生命不息，经验不断，理解不尽，成长不止。

教师，我们该实践什么样的生活方式

我们实践着什么样的教学方式，过着什么样的教育生活，决定着我们教师成为什么样的人。我们做的是怎样的教育，决定着我们的生命质量。

听上海大学附属中学郑艳红老师在锦山中学为学生上"学习共同体"的语文课：范小青先生的小说《准点到达》。小说中罗建林、老大、老二给我们以教育上的启示。城市白领罗建林精于计划，不断按计划"准点"行动，不断准点到达生命的"目的地"，可谓"高效"的人生，这也正是他所追求的。为什么见到老大、老二反而受到了刺激和触发？看到城市的外来务工者老大、老二，不断错过他们的列车，一系列的"错点"行动他们似乎并不过于计较。聪明的罗建林于此发现，自己"准点""高效"的生活是刻板的、单调的、被强迫的，生命少了体验，少了意外遇见的迷人风景，也许还少了一些自由的遐想、探究和创造。

学校里，也有罗建林式的教师，按照精致严密的教学计划和教学设计，以传递和教授为主，准点完成教学进度，高效完成教学目标。他们以为教的进度就是学的进度、教的逻辑就是学的逻辑、教的高效率就是学的高品质。尽管也带来了考试的高分数，带来了教学比赛的大奖等各种荣誉。但有一天，罗建林式的教师们突然觉醒了，荣誉有了，待遇有了，为什么不快乐呢？他们在想，我的大部分学生毕业了，就与我再无联系了，特别是那些优秀的学生似乎对我更没有什么感情。罗建林式的教师们继续反思：我的教学，我的课堂，在追求准点、高效的主旋律中，长年累月辛苦地传递、灌输，教学中有师生丰富的体验和创造吗？有教学计划之外的学习生成和精彩观念诞生吗？我的教与学生的学真的相遇了吗？我的思维、情感与学生的思维、情感真的相遇了吗？课堂生活、教学生活有师生间、生生间的心灵相遇和对话吗？有学生与客观世界、与自我的相遇和对话吗？没有这些相遇和对话，一切都按规定好的教学程序和生活秩序进行，这还是人的教育、人的学习、人的生活吗？

随着年龄的增长，教龄的增加，罗建林式的教师们也许会进一步追问：我有自己的教育哲学和专业追求吗？我的生命寄托和追求到底在哪里？我的理想生活应该是什么样的？

反思到这里，罗建林式的教师们其实已开始了自我启蒙。知己知人，成己成人，成事成人，这应成为每个人的生命自觉啊。作为教师，应该主动觉醒，应该追求每天生活的精彩。仅有一次的生命是高贵、有尊严的，是用来体验、审美和创造的。

几年来，在赤峰教育启蒙之路上，赤峰教育人遇到了张华教授的研究性教学论，遇到了陈静静博士推动的佐藤学学习共同体行动研究，于是在汇通中尝试着追求新的教育生活方式。

课程由"计划型课程"向着"单元型课程"迈进，老师由课程执行者向着课程创造者迈进，教学由传递性教学走向研究性教学，学习由同步学习走向协同学习，由"勉强"走向"相遇与对话"，课堂形成"活动的、协同的、反思的"学习新方式。

教师由重复性的工具性劳动转向"读书—实践—写作"的创造性教育生活方式。实践，是"做自己"，是要把教学变成行动研究，变成基于倾听的协同学习，是目的性的对象化活动，是不断与课堂、与学生展开对话。读书，是"学别人"，是围绕实践，与书本、与他人不断展开对话。写作，是"学自己"，围绕实践，不断反思自己，整理自己的经验，持续与自我对话。这种三位一体的生活方式，具有自身的目的性、创造性和审美性，是真正意义上的"人"的生活方式。

教师，由原子式的个人成长转向开放自己的课堂，构筑相互学习的"同僚性"关系。这种关系，既关注教师作为工匠的成长，通过模仿获得个人教学技巧及风格，也关注作为专家的成长，以课堂观察、课例研究为主，追求实践与理论的统合。郑艳红老师执教锦山中学的学习共同体课堂，既在课堂上实践了倾听、串联、反刍，也让老师们体验了近距离的、全程的学生课堂学习观察。因为有了老师们的观察、记录、反思，有了学生间持续的倾听、对话及老师的有效串联，有了学生课堂上精彩观念的不断诞生，于是，老师们在随后的课例研究中，大多能滔滔不绝地讲出自己的心得与感受，而不是象征性地敷衍几句。这样的课堂学习与观察，学生的生命一旦被打开，接着便是教师生命的相互激发，相互学习的"同僚性"关系由此逐步形成。也由此让人想到，只有指向学生学习的研究，才是真正的教学研究，只有解放学生，才能解放教师自己。只有真正地开展教学和教学研究，老师们才愿意投入其中、创造其中、享受其中。

学校管理由烦琐的行政型组织转型为扁平化的、简约的学术性组织。这种简约的学术型管理组织旨在由以"行政"管理、发布指令、重在控制和执行为主转向以经营校本教研为主旋律，旨在帮助教师共同成长、相互成就、合作共生，使每一个人都成为主人的"学习共同体"，使管理不断指向课堂、课程建设和教师的专业成长，不断追求"公共性、民主主义、卓越性"等学校文化。

当然，理想不能代替现实、代替实践。只要我们行动起来，哪怕从一所学校、一位教师、一间教室开始做起，让课程专家、学科专家深度参与学校变革，让教育行政部门、业务部门全程支持、帮助学校变革，我们的基础教育一定会展现出新的学习风景。

试想一下，当我们的老师、孩子们天天活在探究体验中，活在相遇与对话中，活在协作式问题解决中，他们的生命将得到什么样的成长，他们的生活将是何其精彩。

为什么要走向儿童理解和学科理解

对学科的理解，是教师第一位的专业素养（逻辑上）。有深度的学科理解，才有深度的课堂设计和生成，才有与儿童对话和与学科生活对话的前提，才有学科思维指导下的探究行动。

对儿童的理解，是教师永恒的专业素养。学科专家可以不懂儿童，但教师必须是儿童专业研究者。只有理解儿童，才会不断从儿童的现有经验、本然状态和真实生活出发，持续建构其与学科、与同伴、与自我的学习关系，才能持续不断引导儿童走向学科理解。

对教育的理解，一是要保障每一个孩子的学习权，不让一个富有个性的生命"掉队"，公平公正，是教育的前提和教育者的职业道德。教室里，要看到所有孩子的存在和表现。二是正确处理教与学的关系，让教学变成研究，让儿童与学科不断相遇和对话，不断走向学科理解和知识创造；让教师不断走向儿童理解和学科理解。

学科理解，儿童理解，教育理解，是教师专业三位一体的理解。儿童的学习过程，人的成长过程，人类历史的发展过程，学科的发展过程，本质上都符合同一个过程：不断从已知走向未知，不断倾听和对话，不断探究与合作，不断试错与接受教训。这个过程，应遵从"少即是多，慢即是快"原则。

教育哲思

活在当下

什么叫活在当下？就是不留恋过去，当下即是目的，当下即是意志的实现。即使妥协，也是自主选择的结果。就是肯定当下，接受当下，欣赏当下，创造当下。

杜威的"教育即生活"，是活在当下的另一种表达。教育即生活，当下即是真实的生活，当下即是存在的目的，而不是未来的手段，而不是要尽快把当下送走、盼孩子快快把童年送走。把当下当作目的，是说当下就要进行真实的问题解决，当下就是个人的真实探究、体验、理解和创造，当下就是真实生命的实践活动、审美活动和创造活动。那种省略探究和体验过程的教育，那种以传递灌输为主、直接指向标准答案和未来高考的教育，是没有当下的，是反"教育即生活"的。

什么是学校文化

什么是文化？简单一点说，文化就是一种生活方式。

我们到了一所学校，这里的老师、孩子们一以贯之地按照这种方式去工作、学习，这就形成了一种习惯化了的、在一种精神价值指导下的相对稳定的生活方式，这才叫文化。文化是要用行动来体现的。

学生的个性发展，教师的专业发展，学校的管理方式，共同构成了学校文化。好的教育，才能体现好的文化。好的教育就是要走向协同研究的教学，走向协同研究的成长，走向协同研究的管理，走向协同研究的评价。总之，学校里所有的教学行为和管理行为，都要用行动把"研究""协同"这两个词体现出来。

知识与文化

知识越多，或者说读书越多，文化水平就越高吗？

知识，只有转化成一种坚固的人格，才是文化，否则，只是技巧和点缀而已。生活中，那些虽然没有读过多少书，没接受过多少教育，却有着强大生命力量、毫不含糊的价值判断能力以及鲜明人生态度的人，我以为他的文化水平已经很高了。知识的大量累积，而没有"偏离"旧的自我，建构新的自我，只能在精神上安慰自己，在外形上愉悦别人。

因此，不能用知识的多少来衡量文化水平的高低，知识的丰富并不必然带来文化的高度。罗素曾说：有经验而无学问胜于有学问而无经验，这里，无经验的学问，就是没有生命参与，没有上升为智慧，更没有积淀为人格的伪文化吧。知识，只有嫁接在个人实践经验之上，才有可能转化为智慧，形成个人的独立思想和人格。

新课程标准倡导三维目标的全面达成，主张改变过于注重知识传授的倾向，强调统合知识学习与人格建构，强调学思结合与知行统一，其意义正在于此。三维目标，知识与技能、过程与方法、情感态度与价值观这三个维度，正是通过融入个人生命体验的"过程与方法"不断将"知识与技能"与"情感态度与价值观"两个目标进行主客观上的相互"转化"，不断将知识转化为智慧，将文明积淀为人格。

论跳出教育看教育

有人说，必须跳出教育看教育。

可谓话语铿锵、振聋发聩，也容易被一些人奉若神明。这马上会让人联想到杜威的主张：教育即生活，学校即社会。但如此表达的人，大多是不懂杜威的，但却极懂世俗人生。这句话若完全对的话，其前提是，你得真正跳进教育。其所说的"跳出教育"，无非是要你"懂"这个社会，以便更好地"对接"教育，让教育"适应"社会，也让社会"理解"教育。

一个教育的局外人，完全可以不懂教育，但能确保懂社会吗？一个从来没有真正跳进教育的人何须跳出教育？真正"懂"教育的、真正"跳进"教育的人，大概少而又少吧。工作了一辈子没有跨入教育门槛的教师大有人在。什么叫懂教育？你教的学生考上了清华北大不一定叫懂教育，你若真正理解"教育即生活，学校即社会"，真的能够"让教学变成研究"，真的能够让学生学会学习、学会思考，这才叫懂教育。

一个真懂教育的人，也一定懂社会。反之亦然。因此，无所谓跳出教育、跳进教育。作为真正的教育者，你就在社会中。作为一个不断成长的人，你就在教育中。

教育改革的原点

课堂，是教育改革的原点。

基础教育改革行动的起点在教室、在课堂。基础教育改革，应从教室出发，来设计、来行动。只有从课堂这个原点出发，教育的改革、学校的管理才会有效率。

学校德育工作，班集体建设，也应从课堂出发，从教学出发，从活动的、合作的、反思的学习出发，在与客观世界、与他人、与自我的相遇对话中，完成德育任务。课堂，学习生活，既是德育的起点，也是德育的真实过程。德育的过程，就是学习的过程，而不是学习以外的其他过程。

平等、尊重、包容、接纳、友善等人与人之间的关系，都是在真实的学习生活中形成的。

第二章

我们该有怎样的教育信念

教育的核心问题是学生的虚假学习、浅表学习、被动学习、竞争学习，由此导致学生"厌学"、"负担"过重和社会性欠缺等问题。我们必须有勇气直面这些问题，从这里出发，用力改变，追求"让学习真实发生"的真教育。

我的教育信念

面对习近平总书记全国教育大会讲话精神，面向人工智能时代，反思自身存在的根本问题，我们的基础教育应该重新定位，再出发：聚焦课堂，以推进课堂转型为核心，整体推进基础教育育人方式转型、教师成长方式转型和学校管理方式转型，全面改善教育生态，全面提升教育品质，启动"实施'一体两翼三评价'，建设学习共同体"行动，让"建设学习共同体，办'一个都不能少'的真教育"成为基础教育新的价值追求。

一、必须直面教育的核心问题。我们基础教育的核心问题是学生的虚假学习、浅表学习、被动学习、竞争学习，由此导致学生"厌学"、过重"负担"和社会性欠缺等问题。问题产生的原因是：课程与儿童经验和社会生活分离；教学与探究和创造分离；学习与同伴和自我分离；等等。我们必须有勇气直面这些问题，从这里出发，用力改变，追求"让学习真实发生"的真教育。

二、必须去除教育的功利心。教育必须去除功利化，面向人类发展的未来看教育，站在人生的全景看成长。必须让教育回归理性，走向本质，踏踏实实探索真教育的路径。必须以不怕"慢"的精神，从高效掌握知识走向探究和核心素养，实现结果与过程融合、手段与目的融合。

三、必须办面向每一个学生的教育。每一个学生，都是目的。保障每一个学生的学习权，发展每一个学生的个性，"一个都不能少"，这是教育的公共使命，也是每一个教育者的良心和底线。尊重每一个孩子，这是"一个都不能少"的前提。尊重，意味着尊重每一个儿童的思想与感情，其主要方式是倾听和对话。把每一个学生培养成负责任的创造者，使每一个学生拥有批判性思维、创造性思维和复杂交往能力，这是人工智能时代教育的第一目的。这是面向每一个生命个体的大众教育。

四、必须办面向每一位教师的教育。每一位教师，都是目的。欲保障每一个学生的学习权，必须同时保障每一位教师的专业自主与创造。教学即是教学研究、学生研究，保障学生的个性发展与保障教师的专业成长是一体两面。唯有让教学变成研究，让教师成为课程创生者，让"观察—描述—反思—改进"成为校本教研新范式，让"读书—实践—写作"成为教师新的生活方式，才会保障每一个教师成为反思型实践家。基于赤峰市教师实践，我们必须全面提升教师的学科素养、教育素养和人文素养。

五、必须把每一所学校、每一个班级建设成为"学习共同体"。我们坚信：人，成长在关系中。所谓"学习共同体"，就是基于保障每一个儿童学习权的公共使命，开放每一所学校、每一间教室，让学校、班级、课堂成为学生之间、教师之间、家长之间以及所有教育人之间相互学习、合作共生的场所，在相互学习中实现每一个儿童、每一个教师最好的成长。我们提出"一体两翼三评价"的学习共同体建设模型，以此作为与校长、教师对话，协同研究的"工具"，旨在形成每个学校自己的行动逻辑、实践样式和话语体系。

六、必须让教学变成协同研究。坚决改变"传递主义""训练主义"的落后教学观，"让教学变成协同研究"，这是不可违背的基本理念和绕不过去的实践原则。教学的本质是师生协同研究或创造知识，把知识当作探究的对象以及探究生活问题的工具，通过探究学科知识和日常生活而产生教师和学生自己的思想。教学的基本要素是：问题与情境，协作与探究，倾听与对话，交流与展示。要基于这些基本要素，创生出每个教师自己的课堂生态，让课堂真正走向问题导学、情境启学、同伴助学、探究思学。

七、必须让学习变成探究和创造。坚决改变控制性、孤立性和训练化导致的虚假学习、浅表学习问题，改变以储蓄、记忆、模仿外部知识与技能为主的学习者角色，基于"学会关心""学会思维""学会对话"的学习哲学，走向以"协同学习""项目学习""问题学习""服务学习""体验学习"等为核心的深度学习，让学习过程成为真实的探究和创造过程，"让学生采用学科专家的态度、方式、方法和实践去探究学科，发展学科思维与学科理解"。①

八、必须重构学校课程。坚决改变课时本位的"教教材"现状，恢复"课程"的专业意蕴。推进国家课程的校本化创生。推进学科课程、跨学科课程、综合实践活动课程建设。推进单元型、主题型、项目型课程建设。让一切课程在横向上互动、融合，形成有机整体；使所有课程基于螺旋式上升的原则进行纵向组织，以有助于学生探究能力和核心素养的持续发展。建构每个学校、教师自己的课程体系与课程文化，追求"创生性课程领导"的育人新模式。

九、必须让课堂改革成为教育管理的逻辑起点和工作重心。坚决改变那种遮蔽课堂、无视课堂、回避课堂、不懂课堂、以形式控制为主的虚假管理。必须提升校长课程领导力，建立能够直接指向课堂、课程建设和教师成长的学校管理新逻辑，使课堂、课程、教研、管理形成由内而外吸引、由外而内向心，四位一体、四个同心圆旋涡式的新管理结构，让校本教研成为学校运行的主旋律。

十、必须重建学校治理体系。坚决改变学校管理的"权威主义""控制主义""等级主义""绩效主义"倾向，改变科层化的管理结构，建立自治、合作、协商、集体审议的民主型、研究型、创造型的学校、班级治理体系和文化。建立基于专业共同体、捍卫教师专业尊严的教师管理体系。建立尊重学生个性自由和人格尊严，鼓励学生探究精神，倡导学生自治和自我管理的学生管理体系。

十一、必须让评价变成欣赏和帮助。坚决改变仅仅以分数排队、分等、控制、甄别、刺激为主的落后的评价方式，探索建立教学评一体化、管研评一体化的评价新范式，让评价走向过程，让评价变成倾听和理解，变成对个人思想的欣赏和成长的帮助，让评价导向于问题发现、自我反思和行动改进。尊重教师和学生的评价权利，构建每个学校自己的校本评价体系。

十二、必须走向教育行动研究。我们坚信：行是知之始，知是行之成。只有在行动研究中，在改变教育中，才能不断走向教育理解和生命

① 张华：《论未来学校》，载《江苏教育》，2017(12)。

理解，才能不断找到解决问题的"答案"，才能不断走向每个人的成长。我们明确提出"六项行动"，从课堂、课程、学科建设、管理、教师成长、评价等六个维度开展行动研究，践行尊重、倾听、对话、民主、研究、创造的教育文化，推进"六位一体"的学校教育整体转型，以此营造新的教育生态。

必须直面教育的核心问题

其实，我更想这样表达：必须有能力找到教育的核心问题。现实中，很多教育实践者，无法认清教育教学的深层问题。对于教学问题、管理问题，他们看到的都是表层现象。面对种种表象，在认识上是无法指向核心问题的，解决问题更无从谈起。我们必须深度清理教育的思想地基，深挖教育深层问题之所在。

我曾观察过我的女儿，她从读小学一直到研究生的过程中，我经常和她对话。我问她：

你是在怎样学习？

你的学习过程是在问题解决吗？

是在带着问题学习吗？是在探究问题和知识吗？

是用旧知识来探究新知识吗？

我们有多少优秀高校毕业的孩子，毕业以后学习也就终止了。

竞争学习也非常可怕，我们学校和社会以及家长对于排名很少有反对的。我们自己想一想，如果再当学生的话，喜欢这种排名吗？我们当老师的，喜欢学校给我们排队吗？有的学者说，中国教育的问题不是应试教育的问题，而是竞争教育的问题。这就是竞争学习导致的结果。

按照杜威的理论，人天生就有探究、建造、表现、交往这四种本能。在我看来，四者合起来就是人的学习本能，人天生就有学习的本能，拥有创造的本能，拥有不断成长的本能。那么后天的教育是做什么的呢？其实就是保护这种本能、释放这种本能、激发这种本能，这是我们的教育应该做的！

反思一下，我们的课堂是在激发这种本能吗？用教育家陶行知的话来讲就是"六大解放"，而现在，我们孩子的这六种能力几乎被束缚了！

我们指出了这些问题，问题产生的原因又是什么？

第一，课程与儿童经验和社会生活相分离。如果我们没有课程论思想的话，那是很难有这个视角的。在杜威的一篇演讲中，他强调了这样一个问题：课程与儿童经验和社会生活相分离。课程就是教师的思想、儿童的思想与学科和生活互动的结果。课程是一个过程，它是由教师和孩子在每一天、每一个学年共同创生出来的，是基于课程计划、课程实施、课程评价的一个综合结果。所以简单来说，课程就是经验，就是儿童的经验、教师的经验。

课程与儿童经验和社会生活是怎么分离的？杜威将课程比作桥。儿童这个家庭中的自然人，通过学校课程这个桥梁，走向社会变成一个社会人。

这座桥梁有两个桥墩，一个是儿童的经验，一个是社会生活。回头想想，我们现在的学科教学，我们的课时、知识点教学，是在基于儿童的经验吗？我们结合社会生活对教材课本进行心理化改造了吗？当这座桥两边的桥墩都撤离的时候，可想而知我们的课程是怎样的。

第二，就是教学与探究和创造分离。我们原来的教学多是传递知识，孩子是接受知识。接受的过程越短越好，因而尽量省略探究过程。这种接受的结果多是标准答案。真正教学的过程，就是师生合作探究和创造知识的过程。比如说，我们探究"1＋1＝2"这个课题，一定要让孩子在真实的情境中，理解"1＋1"是一个什么样的问题，让孩子知道每个"1"代表什么，"＋"又代表什么，"1＋1"为什么等于"2"。对于孩子来说，这个结果是探究出来的。对他个人来说是经验，他有他个人的理解在里面，所以说这叫创造知识。

在帮助孩子学习的过程中，教师也在研究儿童，也在研究学科，也在创造他的教学知识，创造他的关于儿童的知识，创造他的关于儿童学习的知识、学科教学的知识。一个数学家和一个数学教师最大的区别就是，数学家懂数学，但可以不懂数学教育，数学教师既要懂数学，也要懂数学教育。数学对儿童的教育价值在哪里，数学家可以不懂，但是数学教师要懂。

第三，就是学习与同伴和自我对话分离。《学记》里面讲"独学而无友，则孤陋而寡闻""教学相长"。佐藤学教授极力倡导倾听和对话的课堂理念，我们也在不断地做本土化的转换和转变。怎么构筑同伴之间相互倾听的关系？怎样"一个都不能少"？理想的课堂，每个孩子都在相互倾听和对话的关系网里面，都在倾听和被倾听之中。

每个孩子都有他独特的价值存在，都有他独特的思想意义。每个孩子的研究都有意义，不论他说得多么幼稚、多么荒唐，关键是，我们要问"他为什么这样想"？他的"理"在哪里？我们与探究分离，那同时也是与自我的分离。为什么有的人一辈子成长缓慢，原因在此。学习不论是与同伴对话，还是与客观世界对话，本质都是在与自我对话。所以佐藤学教授就认为学习就是一种相遇和对话。"就是同教科书（客观世界）的相遇和对话，同教室里的伙伴们的相遇和对话，同自己的相遇和对话。"[①]我看到佐藤学教授的这段话后非常激动，他给学习下的这个定义太好了。

即使是幼儿园的孩子，学习也如是。小班、中班、大班，为什么我们要投放各种材料？这是孩子在以材料为媒介和世界对话。他在与材料对话，建构自己的经验。对话过程中自我意识得到充分凸显。历史学家陈寅恪先生说的那种独立之精神，自由之思想，我觉得可以很好地概括创造性人格。

古希腊帕特农神庙上镌刻着"认识你自己"的文字，就是在强调自我的价值。什么叫自我意识？如邓晓芒先生所言，就是把自我当对象看、把对象当自我看的意识。就教师而言，在课堂教学中，你在创造你的教育世界，你就是你创造的教育世界。

作为教育人，我们必须从各自领域、各自岗位出发，追求让学习真实发生的真教育，找到我们教育最内核的问题，直接或间接地去努力解决。

---

① ［日］佐藤学：《教师的挑战》，钟启泉、陈静静译，4 页，上海，华东师范大学出版社，2012。

从杜威的理念到课堂教学的反思

杜威的哲学思想或者教育思想里最核心的概念，叫作经验。我们过去所说的经验是向后的，是回忆的。杜威的经验，是面向未来的，是行动的。杜威改造了自柏拉图至笛卡尔的主客二元论的哲学，确立人与世界是关系性的存在，由此走向了关系哲学。人是在和世界的互动中构成关系、形成经验而成长的。什么是经验？在他看来，经验就是我们对世界进行探究，或者以行动改造世界，同时我们也被动地承受这个改造的结果。于是，思维在探究行动和结果之间建立的联系，就是经验。

今天在课堂里面，我们倾听孩子们互动交流，就是在行动，就是把这个行动的结果不断地和行动建立关系，不断地反思。只有这样，才能建立经验，才能不断地走向未来，不断地从已知走向未知。所以我们的课堂改革，追求的是教科书式的教育吗？是完成知识点的教育吗？按照杜威的理论，他是让孩子获得经验的丰富程度，这个经验，支撑人的不断成长。

在关系哲学里，教和学是什么关系呢？在杜威看来，儿童中心比教师中心还要坏，因为我们的孩子是要在成人的监护下成长的。它既不是教师中心，也不是儿童中心，他是教师、儿童、学科、生活进行不断互动的过程。我在想，如果有中心的话，那么一定是多中心的，这个中心是流动的、转化的。我们之前讲的先学后教，以学定教等，都是在强调谁主导谁，谁跟随谁，这都是不恰当的。

按照关系哲学的理念，改造后的课堂是什么样的呢？座位再也不是秧田式的排列了，学习再也不是静坐听讲了，而是以小组的方式在探究、讨论、倾听、对话，等等。

由此我们可以追问，什么叫一堂好课呢？一堂好课的重要标志，就是要看孩子是不是产生了他自己的理解、自己的思想、自己的观念，是不是在不断地探究和体验、倾听和对话。我在一个幼儿园中班的活动课上，观察幼儿搭建活动，发现一个小女孩的搭建非常成功，她搭建了三层，有的孩子只搭建了一层。我发现只搭建一层的小男孩，他的目光早已经散乱，他的心早已不知道飞去了哪里，他在精神上早已经逃离了这个课堂。当时我就想，幼儿园中班难道就已经有"差生"了吗？我们怎么来理解这个现象呢？我们需要在幼儿园开展指向儿童的研究，指向探究和对话的研究，研究如何让每个孩子的学习真实地发生。

问题就是我们成长的根源，问题的解决会给我们带来幸福的生命体验。当我们压抑孩子的时候，当我们控制孩子的时候，当我们不尊重孩子的时候，他是有反作用力的。我们压抑别人的时候，同时我们自己也是被压抑的、被控制的。

为什么要去除教育的功利性

我们的学前教育迅速普及，赤峰市已经达到了 97％。那么我们的幼儿教师又是一种什么状态呢？尤其乡镇中心园以下的幼儿教师大多没有接受过专业培训。所以我常常怀疑，孩子是在家里让爷爷奶奶带好，还是来到幼儿园，让一些没有学前教育专业背景的老师教育好呢？

在德国，六岁以前孩子的教育是受到严格保护的。我们呢？使劲超前教育，恨不得从胎教开始，有人说我们三年级孩子学习的难度相当于芬兰的五年级，可是为什么随着年龄的增长，我们的孩子反而落后了呢？教育必须去功利化，面向人类发展的未来看教育，站在人生的全景看成长。必须让教育回归理性，走向本质，踏踏实实地探索真教育的路径。必须以不怕慢的精神，使教育从分数走向成长，从高效的掌握知识走向探究和核心素养，实现结果与过程的融合、手段与目的的融合。人就是在成长的过程中不断地进步，过程好，结果才能好。

我们不是常常提"教育准备说"吗？为了明天，我们此刻可以不幸福。但是每一个不幸的今天加起来，是不可能有幸福的未来的。我们要活在当下，做在当下，问题解决在当下，幸福在当下。学习的过程就是问题解决的过程。所以我们特别强调过程。很多高中的老师可能会质疑：那我们的进度怎么办？我想，理想的教学应该是，我们基于核心素养，用学科观念来引导孩子的学科实践，走向学科理解。我们每一堂课的教学应该是，给孩子提供丰富的经验，而不再是知识点的堆积。

去除教育的功利性，这件事非常美好，做起来也非常艰难，也许未来要走10年甚至更长的路，课改永远在路上，必须以不怕慢的精神去实践探索。什么叫不怕慢？在20世纪，西方出现了两个著名的教育思想家：一个是杜威，一个是怀特海。我们可能读过怀特海的《教育的目的》，怀特海的思想就是基于核心素养的教育思想。他提出两个原则：第一，一定要学得少，他认为少就是多。我们现在立足于课时教学，将来要走向单元教学，重构学科课程，走向跨学科教学，走向综合实践，只有这样才能够做到少就是多。第二，"慢"就是快。慢是指向孩子真实地进行探究，学习真实地发生。学习真实发生的标志，是孩子不断产生自己的精彩观念。美国哈佛大学教授达克沃斯有一个观点：精彩观念的诞生是智力发展的本质。① 接着达克沃斯就追问：为什么我们的孩子在一二年级或者在幼儿园、小学都有着惊人的创造力，但是随着年级的升高，创造力就逐渐枯萎了呢？我们看幼儿园孩子的画，就其创造性来说，我们成人是无法企及的，因为他们没有前概念，思想和精神没有被捆束。随着年级的升高，教学中不断去情境化、去探究化，一路求"快"，导致创造力逐渐枯萎。我们要培养负责任的创造者，必须要有一种不怕慢的精神，慢就是快，慢是在指向人的思维的发展。杜威说学习就是学会思维。当我们的孩子慢慢学会了思维，越来越聪明的时候，速度就慢慢加快了。很多实验区老师对此都深有感触。

我在承德参加过一个地市区的座谈会，大家讨论后一致认为，高考考得好的学校，都是课改搞得好。过去我们说"不搞课改过不了明天"，

---

① 参见[美]爱莉诺·达克沃斯：《精彩观念的诞生——达克沃斯教学论文集》，张华等译，4页，北京，高等教育出版社，2005。

今天我要说"不搞课改真的过不了今天"。因为指向核心素养的高考命题，就是不断强调创设情境解决问题，考察你解决问题的能力，试题的开放性会越来越大。语文就不用说了，数学也在不断体现这种理念。我们赤峰高考的文综成绩为什么差？赤峰的高考文科明显低于全区的平均水平。为什么我们的理科成绩好，而文科成绩却那么差？当然有功利选择的因素在里面，更重要的原因，就是文科再用那种背诵、时间加训练的方式去学习，不仅已经不管用，而且产生了副作用，败坏学生学习的胃口。我们现在多少初中教师还在让学生背生物、背政治、背历史？这个"传递""储存""背诵"的教育时代还远远没有终结，我们的改革任重而道远。

我们要建立怎样的教研范式

我们要建立什么样的教研范式呢？就是"观察—描述—反思—改进"的教研范式。

过去听课，老师就是搬一个凳子坐在教室后面，作为一个旁观者去看授课老师和孩子，主要观看老师怎么教。此时，听课的逻辑是教的逻辑。现在的课例研究是在研究什么？老师要全程观察孩子，主要看孩子是怎样学习的？学习是不是真的发生了？孩子遇到了什么困难？孩子产生了哪些精彩的观念？进行观察描述。这种观察描述的目的是反思自己，进而改进自己。在课堂结束之后，老师们像孩子一样四个人组成一个研究小组，基于观察的数据进行讨论，这是有证据的讨论。讨论之后，分小组进行汇报，大家之间是倾听对话的关系。

传统的教研方式是大家评课。我们中国人讲中庸之道，搞平衡，列举三个优点和一个缺点，其实谁都不愿意被评价，谁也不愿意参与对别人的评价，为什么？因为它主要评价教，对学生学习细微过程的观察、理解是缺位的，因而对教的评价常常是枯燥、乏味的。我们现在这种教研方式的转换，是指向孩子的学习，指向对孩子的倾听、理解和研究，指向作为研究者和观察者的"我"，反思的是我应该如何改进自己，而不是评价别人。所以这是一个质的转变。

每一个学生都是有目的的

德国哲学家康德说，人是目的，人不是手段，人是自己行为的立法者。每一个学生都是目的，意味着每一个学生来到这个世界都有他（她）存在的独特价值和意义。每个学生都拥有自由意志，每个学生都应该是创造者，每一个学生都应该享受幸福而具有创造性的生活，每一个学生都不应该被忽视。保障每一个学生的学习权，发展每一个学生的个性，一个都不能少，这是教育的使命，也是教育者的良心和底线。

尊重每一个孩子，这是"一个都不能少"的行动。不要小看"尊重"这个词，在我们的教育里，"尊重"的意识是缺位的。尊重，意味着尊重每一个儿童的思想，主要方式就是倾听和对话。我们的课堂要想成为学习共同体，用佐藤学教授的话说，教师主要做三件事：第一是倾听，第二是串联，第三是反刍。倾听是最大的尊重，因此也成了难以落实的最大问题。怎么倾听孩子？要全身心地投入，去倾听、去接纳每一个儿童的正确和错误，去倾听这正确与错误的原因。只有倾听孩子才能理解孩子，只有倾听孩子的理解，你才能理解孩子的理解，你的教才有意义。所以，达克沃斯说："去倾听学习者，并让我们的学习者告诉我们他们的思想。"[①]老师创设了问题情境，让孩子去探究、去讨论、去操作，老师通过不断地倾听孩子来鼓励孩子诞生自己的思想。

为什么我们的课堂上孩子不想说、不愿说？因为课堂缺少倾听，不安全，怕出丑。佐藤学教授到了一个学校，首先要观察课堂是否安全，

① ［美］爱莉诺·达克沃斯：《"多多益善"——倾听学习者解释》，张华、仲建维、宋时春译，165页，北京，高等教育出版社，2004。

是否宁静。我们小学的课堂呢？常常不但不追求宁静，还要追求热闹，孩子们争着抢着举手汇报。现在，我们要反过来，认真地、安静地去倾听别人、学习别人，而不是急于表达自己。反过来，意味着尊重每一个儿童的思想。因为要让学习真实发生，就需要老师像"接生婆"一样，帮助孩子生出自己的思想、自己的观念、自己的理解，其主要方式就是倾听和对话。

把每一位学生培养成负责任的创造者，使每一位学生都具有批判性思维、创造性思维和复杂交往的能力，这是人工智能时代教育的第一目的。反过来说，如果教育不是在培养孩子的批判性思维、创造性思维和复杂交往的能力，就是在伤害孩子。我们每个人都要思考，我们的教育是不是在伤害孩子？因为，好的基础教育是面向每一个生命个体的大众教育。

每一个教师都是有目的的

每一个教师都是有目的的。

要保障每一个学生的学习权，必须同时保障每一个教师的专业自主和创造。教师是有专业自主权的，他们天天在创造课堂，课堂的世界就是教师的世界，课堂的生命就是教师的生命。

每一个人都应该释放自己的生命创造力。职业倦怠是什么原因造成的？因为教学工作干差了？我们教师退休之后还喜不喜欢教育，取决于我们今天是否在创造自己的课堂世界，取决于我们今天是否在和学生协同进行知识的探究和创造。职业倦怠的根本原因，是教师没有成长，没有在课堂中发现孩子的创造力，没有发现孩子就是没有发现自己，没有发现教育的世界就是没有发现自己。

人和世界是互动的，是关系性的存在，是交互的存在关系。教学就是教学研究、学生研究。我们教师长年累月地"讲课",研究过孩子吗?倾听过孩子吗?真的懂孩子吗?我在2017年暑期参加上海名师坊活动之前,对一些专家们所说的翻转课堂其实是不赞同的,觉得太前卫了。我读钟启泉的《课程的逻辑》,读张华教授的《研究性教学论》,读佐藤学的《课程与教师》《教师花传书》,2017年暑期在上海浦东新区的世博家园小学,看到了这样的课堂,当时就眼前一亮,我渴望的课堂实践样例真实地展现在我面前!在这样的课堂上,我看到了孩子们都在专注地学习,进行合作探究,这激活了我们成人的原始生命创造力,人就应该这样学习!

如此的话,你还会职业倦怠吗?所以说保障学生的个性发展和保障教师专业成长是一体两面的。教师的课堂教学和教师的专业成长是一件事,不是两件事。以前我们说教师的专业素质不行就去培训吧!其实培训是必要的,但不是主要的,主要的成长渠道是他要在课堂教学中进行实践,让教学变成协同研究,和孩子一起成长,这才是教师成长的主渠道。

具体来说,教师怎样成长呢?我认为要做到三点。一是让教学变成研究,让老师成为课堂的创造者。二是让"观察—描述—反思—改进"成为校本教研的主旋律,基于观察来分析研究课堂。必须要指向学生的学习经历设计,由教的设计指向学生学习过程展开的设计。所以说,我们的教案要变成孩子学习活动的设计本,我们的设计要指向学生。"观察—描述—反思—改进"是我们要践行的教研新范式,目的是指向学生的学习和研究者的自我改进。三是让"读书—实践—写作"成为教师新的生活方式。我们正在致力于这件事。"读书—实践—写作",实践是核心,人只有改变了世界才能理解世界,人只有改变了教育才能理解教育,人只有在创造新的世界中才能创造新的自我,这叫实践。我们实践什么呢?实践让教学变成协同研究,实践让每个教师成为课堂的创造者,把国家的课程变成教师的课程、变成孩子的课程,变成师生共同的课程。

　　由此我想到德国哲学家马丁·海德格尔提出的"向死而生"。"向死而生"是什么意思？人必有一死，一方面，从消极的角度说，我们一直在向着死亡的终点冲刺，你无可挽回、无可奈何，眼睁睁地看着自己往终点走去。另一方面，在向着"死亡"这个终点走去的过程中，你是不是每一天都在创造新的生命？在享受每一天的快乐？因为有死，生才有价值，永远不死就不用谈价值了。为什么要谈价值，在有限性面前我们才谈价值。生是一种有限的存在，价值是要在有限的生命中，创造一种无限的意义。那么实践，就是用一种向死而生的精神，让教学变成协同创造，让每一位老师变成课堂的创造者。

　　我们再给"实践"插上两个翅膀：读书和写作。

　　读书的本质是与他人对话，写作的本质是与自我对话，于是人就在不断的创作中，不断凭借与他人和自我的对话，走向新的生命，开启新的人生之路。我建议教师读好三类书：学科经典、教育经典和人文经典。为什么要读经典？因为人生是有限的，经典是被人们公认的被岁月淘洗过的，我们可以少走弯路。为什么第一类要读学科经典？我认为学科素养是第一位的。无论是数学老师，还是语文老师，学科素养一定要特别丰厚，才能成为学科思维的践行者、理解者。第二类是教育经典，如张华教授的《研究性教学论》，杜威的《民主与教育》《儿童与课程》《学校与社会》，佐藤学的《静悄悄的革命》《教师的挑战》《学校的挑战》《教师花传书》，怀特海的《教育的目的》，这些书初读起来可能感觉特别容易，实践了一段时间再读又是全新的，再实践一段时间，在书中又会发现大量新的信息。好书是有生命的，随着你的阅历、理论思维、实践不断丰富，它是不断随读随新。人文经典，主要是文史哲，还包括美学等。我们的学校教育太缺哲学思维，可以从读一些常识性的著作开始，来培养我们的理性思维，来改变我们看人生、看世界的态度，让自己走向深刻。

　　说到写作的难度，其实根本原因是头脑里没思想。我们在课堂上反思、创造、观察，就是孕育的过程，孕育成熟自然瓜熟蒂落。经常写作的人就是这样。写作是培养人的思维链条的一种方式，每一个教师都要成为立言者。

我看教学研究

在人生的某个阶段，我们常常在一个平面上徘徊。如何沿着一个向上的斜坡离开这个重复已久的平面，进入一个新的高度？是等待量变到质变，还是主动寻求突变？这大概决定着一个人未来的生命高度。突破什么呢？主要是思维水平和思维方式吧！

比如，我看到一些地区的教研现状。

成绩很多，问题不少。主要问题是把组织了几次活动、完成了多少工作量当作完成了任务、实现了工作目标，即以量的完成来代替质的实现。没有触及教育内核的改动，也少有学术含量。即使开会，也主要是讲活动开展，讲技术方法的运用。

教研员应是一个区域的学科首席带头人和学科把关教师，是教师的教师，代表着一个学科的高度，是这个学科的思想集大成者和文化符号。应该既是理论的传播者，又是行动的实践者，不断在理论与实践的互动中，进行创生和转化。教研员的工作性质和特点（专门研究的时间；高度独立的领域），决定了教研员最该成为有建树的学科专家。

我理想中的教研员，首先要成为一个区域的学科首席建设者和首席实践者，有自己的学科建设方案和路线图。在发展路径上，要由课堂走向学科、走向课程、走向教育、走向文化；培养能够践行本人思想的追随者和实践者，作为自己学术成就的标志；指导好基层校本教研，培育出典型教研组，把基层教师的自我反思、同伴互助、专家引领转化为专业发展的行为习惯。

必须让学习变成探究和创造

必须让学习变成探究和创造,这是从学生学习的视角出发,坚决改变控制性、孤立性和训练化的虚假性学习和浅表学习。什么是控制性?就是教师的教学设计按照教的逻辑,对一节课做时间、环节的切割和顺序的规定,这就叫控制。学生之间常常是竞争的关系,因此有"提高一分干掉千人"的说法。

要改变储蓄、记忆、模仿外部知识技能的学习者角色。储蓄和高效相连,所谓的高效课堂追求的是这节课储蓄或掌握多少知识点。怀特海就提倡"少教",强调"少就是多"。再说记忆。我们现在的读经班、国学班等,有个理想的设定,就是背下来后终究有一天会产生一个什么反应,突然成为一个思想大师。事实上,记住是探究的副产品。有人问,我也读了很多书,为什么就不能像你那样把它记住呢?我说,我不是记住的,我没有去记,我的"记住"是思考的结果。

要基于学会关心、学会思维、学会对话的学习哲学,走向以协同学习、项目学习、问题学习、服务学习、体验学习为核心的深度学习。这里有两个重要学习理论,一是学会关心的理论,以海德格尔为代表。美国还有一个教育哲学家内尔·诺丁斯,她也提出了学会关心的理论。坏的学习造成孩子们厌学,既讨厌知识也不关心这个世界。二是学会思维的理论,以杜威为代表。比如说我们让教学走向研究,第一要研究孩子的思维,看他们在课堂里产生了哪些思想、诞生了哪些观念。另外就是研究孩子的情感、心理、兴趣、同伴之间的关系,他是不是关心,他是不是喜欢解决这个问题,他是不是喜欢探究这个世界。这里还蕴含着对话理论。对话理论的提出者是巴西的教育哲学家保罗·弗莱雷,他有一本书叫《被压迫者的教育学》,把人和世界、人和人的互动关系称之为"对话"。

基于这些哲学思想，我们要走向协同学习、项目学习，我们要把基于教材知识点的课时教学，改造成基于项目或主题的单元教学，这个路还很远很远。我们要践行杜威提出的做中学、用中学、创中学的思想。做中学，用陶行知的话讲叫"教学做合一"，怎么做就怎么学、怎么学就怎么教。人只有在做中、在实践中才能走向理解，走向学科理解，走向世界理解，走向生命的理解。做，是如此重要！

杜威学会前会长伦纳德·威克斯先生讲杜威的活动教学，基本就是三大步。比如说生物课要观察西红柿：它为什么叶子很多果实很少？让孩子直接观察植物，去观察、讨论，甚至查阅资料，孩子积累了经验；积累大量数据后，产生了需要解决的问题和冲动；就像讲授式教学，基于孩子产生的问题和研究，对他进行系统化和结构化的知识讲解。他这个时候的讲和我们传统式的讲一样吗？不一样，此时的学习过程成为真实的探究创造过程，让学生采用学科专家的方式、方法去实践探究，发展学科思维和学科理解。

学科学习最核心的素养就是学科思维和学科创造。比如，你学物理，你就要像物理学家那样去思考、去实践、去验证。物理教学，就是物理老师带着孩子像物理学家那样去观察、去操作、去探究。

意味着创造的教育实践

当下不少教师教学出现了倦怠，甚至有的教师宁愿去后勤也不愿上课了。我想，这其中的原因颇为复杂，但主要是作为教师的工作——教育实践，出了问题。

什么是教师真的实践？实践自己的教育主张或理想，实践教育中的问题解决，不断循环提升。在循环提升中，成己成人，成事成人。成己成人，是指老师在成长自己中成长学生，在成长学生中成长自己。这是学而不厌与诲人不倦的彼此相长。成事成人，是指教师在完成工作或成就自己的事业中实现学生和教师自我的成长。现实中，很多教师的教育实践活动被异化，仅把完成工作量、教学进度当作任务，长年累月的机械重复劳作既没有实现成己成人，也未成事成人。

如何实现成己成人、成事成人？用张华教授的话说，就是"让教学变成研究"，即教学的过程，就是教师研究儿童、研究课程、和儿童一起合作探究知识、一起成长的过程，逐步实现"让每个教师成为课程领导者"①。

让实践变成研究的过程，必须有教师的生命主体参与。参与的方式本质上是对话，即与儿童的对话，与课程和社会生活的对话，与自我的对话。三个对话相互支撑、三位一体。在对话中，教师、学生不断诞生精彩观念，自主性、能动性、创造性不断生成。

从教师的角度说，实践即创造性的生成，创造了课堂和学生，也创造了自己。

也唯有创造性的实践，才会克服劳动的异化和精神的物化，不断走向成己成人、成事成人。

教育管理的逻辑起点

必须让课堂改革成为教育管理的逻辑起点和工作重心。这里说的教育管理不仅仅是学校管理，也包括行政层面的教育管理。比如，学校校长、教育局局长，都要思考教育的逻辑起点在哪里。

让孩子的学习在课堂上真实发生，从这里出发，去思考我们的资源配置，就是逻辑起点。坚决改变那种遮蔽课堂、无视课堂、回避课堂、不懂课堂、控制课堂的虚假管理。许多校长不懂课堂，不懂课堂却大谈管理、大谈远景规划，提出一套一套的方案和设计。必须提高校长们的

① 张华：《论教师的课程领导》，载《福建教育》，总第 1160 期。

课程领导能力，建构能够直接指向课程建设和教师成长的学校管理新逻辑。也就是说，我们的管理能不能指向课堂，能不能帮助老师成长，能不能帮助课程建设和进行课堂改进，使课堂、课程、教研、管理这四个要素，形成由内而外吸引、由外而内向心，四个同心圆互动的旋涡式管理生态？

哲学家赵汀阳在一篇文章中讲天下结构，讲中国旋涡式结构，激发我思考教育的管理结构。这个新管理结构，最内核的旋涡核心是课堂或课程教学改革。这个旋涡是有能量的，能量来自哪里？就来自孩子被"解放"后精彩观念的诞生，来自探究、建造、表现、交往四大本能的激发，来自人的生命原始创造力。

从课堂、课程教学改革再指向教师成长的校本教研。原来校本教研是怎样的？第一，主要是教研员在做，一般教师只是象征性地参与；第二，校长说这是主管教学副校长的事，主管教学的副校长说这是教导主任的事，教导主任说这是教研组长、年级组长的事。链条不断在延伸，执行力不断在衰减，到了老师那里基本上就悄无声息了。这就是我们常见的教学管理生态。

可是当行政管理者、校长和教师聚焦课堂，置身于这个旋涡之中的时候，就共同指向了教育的核心，共同发现了教育的逻辑起点，共同发现了彼此生命的精彩，于是新的校本教研方式诞生了，基于"观察—描述—反思—改进"的方式就呈现出来了！于是我们的教育管理、学校管理跟着发生变化，主旋律变成了校本教研，教师们天天开放课堂，天天观察课堂，天天发现问题，天天成长，就会觉得"让教学变成研究"真的很有意思。专家来了做什么？进行互动指导，形成动态的四位一体的整体结构。

我们的管理能不能形成这样动态的旋涡式生态结构？

让评价变成欣赏和帮助

"评价"这个词，它的拉丁语词根的原意就是"我坐在你旁边帮助你"。现实中的评价常常变成了控制的代名词。一定要恢复"评价"本真的意蕴，将其变成欣赏和帮助。

我们看繁体的"學"字，当中两个"乂"，表示我们的教学主要是建构同伴之间相互学习对话的关系，旁边的两只手，代表教师要呵护、建构这种倾听对话、协同学习的关系。因此，要坚决改变以分数排队、分等、控制、刺激的评价方式，探索建立教学评一体化、管研评一体化的评价范式。

好的教学中，"教学评"是一体的，评价始终在教学的过程中，时刻相伴。比如说，我们在倾听孩子的过程中理解孩子，这本身就是在评价孩子，评价就在发生。孩子之间的交流对话、老师的眼神、同伴之间的那种会心微笑，都是在评价。因为让孩子的思想得到了呈现的空间，所以评价就出现了，欣赏和帮助就出现了。

"管研评一体化"是什么意思呢？就是让课堂、班级、学校的管理、研究、评价变成三位一体的关系。如果分数排队真的有用的话，教育部有那么多高等级的评价专家，就全国建模，拿出测量工具来评呗，为什么不这样做？因为大数据是会遮蔽东西的，对数据要有量化的测量，还要做质性的研究。

我们能给每一个教育者做一个评价量表，你就是93分他就是92分，他就一定比你多一分，能做出这种评价结论吗？人是最难评价的。所以要让评价走向过程，融入教育过程、管理过程，让评价变成倾听和理解，变成对个人思想的欣赏和成长的帮助，让评价走向问题发现和自我反思。

控制在校时间与实现教育转型

内蒙古自治区教育厅下发了《关于推迟全区中小学生到校时间的通知》，规定全区中小学生上午到校时间：小学不得早于 8:00；初中不得早于 7:50；高中不得早于 7:30。同时，对走读生全天在校时间及下午离校时间都做出了明确规定。

这个规定，无论是教育人，还是家长、社会都不难理解，都是基本常识，无非是要让孩子们多休息一会儿，把健康保住，多一些课外活动，实现可持续发展。老师、家长当然也是时间上的受益者。但为什么一直以来没有得到根本实行，以致这次要重拳出击？

认真想来，这不是一个简单的常识问题，这是深层的教育转型问题。学生的健康受到影响，没人过于在意，人们担心影响了高考、中考怎么办？

教育的价值追求在哪里？健康第一，还是分数第一？这是不言自明的，但事实上的价值错位却是普遍存在的。

若进一步追问，健康与分数不能统一吗？提高分数就必须统一到学校加班加点齐步走？孩子到了初中、到了高中，为什么还没有形成自我管理和自主学习的习惯？我们的教育让孩子们体验到了理智探究的快乐了吗？教学是在传递、记忆、训练，还是在真实地、协作式地解决问题和体验？教育是控制人还是解放人？这是两种截然不同的教学方式及与之相适应的管理方式。

若再进一步追问，教师与学生，教与学，是什么关系？若是管理与被管理、控制与被控制的关系，学生当然需要在老师的监控视野里，时间越长越好。可是，老师能控制孩子的一生吗？教与学到底是什么关系？它们是倾听与对话的关系、协作问题解决的关系、合作探究体验的关系。教，是让人去学。可见，教之难，在于让学习真实发生、主动发生。这才是新课程所倡导的新教学观。

如此说来，取消加班加点，需要伴随学校教育的转型升级以及教育外部环境对教育的专业支持。当我们的教育还没有能力做到这些的时候，加班加点就必然成为提高成绩最有效的手段了。

当然，这些问题复杂得很，有学校内部的问题，有体制机制的问题，有考试评价的问题，有文化背景的问题。

真心期望这次治理真正有效，也期望规范办学行为与教育转型能够携手并进。

为了每一个学生和教育人的生命花开

每每到课堂里听课，每每和老师、校长对话，常有对教育和生命的切身慨叹。也唯有走到课堂里，走到与校长教师的对话里，才会敞开自己，才会真正走进教育的深处，走进学生和教育者的生命深处。我突然发现了一个秘密，在这个双重的"深处"里，常常是学生的表现最灵动、最精彩、最真实，其次是教师，最后才是校长。

什么原因呢？大概是学生离天真最近吧。德国哲学家尼采说得好，什么是智慧？智慧就是天真。孟子的"人之四端"说，杜威的"四大本能"说，是不是可看作天真的内容？生命的成长，是不是常常离智慧越来越远？

也许我们从事教育工作太久了，以致经常忘记对教育本质和自我的追问。也许我们在教育的路上走得太远了，走过的常常是一连串的外在的教育治理、教育技术和改革行动，却无意识地遮蔽或绕开了最本质的"教育"。

在人工智能的时代，赤峰市林西县教育局选择了从课堂转型开始的区域教育内涵发展路径——学习共同体建设。带着对这些问题的思考和追问，我们走进了林西教育。

走进课堂和学生：一节语文课

一、"翻转"的课堂

2019 年 5 月 9 日上午，我和林西县教育局副局长赵兰生驱车前往距林西县城仅 10 千米的繁荣寄宿制小学。这是一所刚过百人、每个班级只有十几个孩子的袖珍学校，真是实施"学习共同体建设"的绝佳场所。在对校园和班级一番概览后，师生的面貌均呈现于眼前。于是，我们聚焦课堂，去二年级听了一节由王秀梅老师上的语文课《雷雨》。

年近 50 的王秀梅老师是中师毕业生，一招一式、一颦一笑显示着她较好的专业功底：粉笔字，如书法家，或藏锋，或顿笔；朗读，如播音员，抑扬顿挫，尽情渲染。这当然是一个优秀语文老师应该具有的专业素养。她的可贵之处在于实现了学教翻转，即这是一节以学生学习为中心的、突出学科实践的语文课，教师的作用在于帮助、支持、促进学生的学习。识字、写字，有感情地朗读课文，这些都变成了学生的探究活动。

比如，在识字环节，"扑"这个字，瘦小的高美娜同学摊开双手边做着动作边眉飞色舞地说："我是这样记住这个字的，扑，由提手和萝卜的'卜'组成，像小白兔双手扑向地里的萝卜。"看看这个小女孩的创意，一个"扑"字，因创造了一个童话的情景，而使这个字"活"了过来。

又如，认识"压"这个字，一位同学说："房子下面有土，土里面埋着一颗种子。"说完便很满意地坐下。我在想，这个孩子把"压"里面的一点当成埋在土里的一颗种子，这也许又会让其他同学联想到，这颗种子的萌发将不可被"压"制。

这些表达不断引来同学和听课老师会心的微笑，那站起来的一个一个衣着并不讲究和时尚的农村孩子，因为他们天真的释放，因为他们思想的自由流淌，因为人人笑靥如花，分明是在展示世间的最美：童真之美、思想之美，被精神照亮的人性之美。人，因天真、因思想、因创造而美丽。

再如，教师为引导学生对文章的理解进一步走向深入，在学生自读的基础上，又声情并茂地范读了课文第一段：

"满天的乌云，黑沉沉地压下来。树上的叶子一动不动，蝉一声也不叫。"

然后教师问学生，你体会到了什么？思考后，一名学生回答："我感受到了雷雨来临前分外宁静。"听到这个回答，我的心居然一颤，二年级的孩子居然有如此深的体验！存在主义哲学研究人的存在问题，海德格尔向往那"诗意的栖居"，此刻这个孩子的存在意识真的被唤醒为一种"宁静"的审美。其他同学在倾听中也许会或深或浅地领悟或共鸣这一感受。就这样，书本上静态的文字，因朗读、倾听的言语实践活动而不断"创造"出了新的情境，不断被激活为学生的理解和体验。与文本、与生活、与自我三位一体的"相遇和对话"，就自然会流淌出"分外宁静"的生命意识。情境，也只有"情"之境，才能唤醒生命意识，才能使自我之存在得以敞开。因存在被唤醒，生命与文字融为一体，教育与生活融为一体。于是，在持续的相遇和对话中，不断形成如"压"、如"分外宁静"一般的连续性和联系性的经验。孩子们就在这些经验中成长着。诚如杜威所言，教育即经验的改造和重组。课堂里，这样的经验，这样的语言建构和运用，这样兴趣盎然地"浪费"时间，难道没有意义吗？时间，就是用来在这些探究和体验中"浪费"的。如果追问课堂是否有效，一定是创造和生成"经验"的丰富程度，而不是完成教科书的进度。

由此，我们看到，当老师把语文教学变成"语言的建构和运用"的学科实践时，当老师把学习变成任务驱动和在真实的情境中进行协作式问题解决时，当识字、写字成为学生对字的间架结构、偏旁构成进行思维探究时，当阅读成为学生与文字、与生活、与个人生命存在持续对话的过程时，学生的思维情感全部投入其中，原本枯燥的、机械的识字写字此时变得妙趣横生，原本缺少真情实感的阅读便成了生命与世界的对话。于是，这些基于每个孩子个性化理解、批判和质疑的"精彩观念"就会不断产生。学生在学习中不断产生自己的思想、理解，不断走向心灵的自由和创造，不断建构和创造着世界和自我。这正是学习真实发生、学生不断走向学科理解的标志。老师在倾听学生的对话和"告诉"中，不断走向对儿童的理解、对学科的理解和个人的专业成长。这里，创造，是基于个人的理解和"精彩观念诞生"，是在学习过程中随时发生的，而不是指向遥远将来的某个"结果"。就这样，教师和学生，在协同研究中共同走向成长，共同走向心灵的解放和创造。

仅从王老师的这节课看，若能再重视一下学生对问题的质疑和批判，学生间倾听对话关系的建构，可能会更好一些。当然，王老师这篇《雷雨》只上了一课时，我们未能看到学习的全貌。

二、对语文教育的追问

与王老师课堂相对的是，我们的课堂里，还大量存在着以灌输、记忆、训练、内化为主的传递式教学。

就语文学科而言，大部分儿童学了那么多年语文为什么还没有形成基本的阅读能力、表达能力（更缺少批判精神和创造能力）？为什么还没有形成对语言文字的喜欢？我们的成人世界，甚至教师队伍又何尝不是如此？原因当然是非常复杂的。目前儿童对语言文字的学习主要以被动"接受"为主，指向的主要是做题、考试和分数，语言文字离孩子的经验和真实生活太远，这必然会造成多数儿童对语言文字的不喜欢甚至讨厌。只有把语言的建构和运用变成主动、真实的生命实践活动，使语言文字与儿童自身经验和真实生活融为一体，才能激发儿童的生命意识，激发儿童的生命原始创造力，激发儿童对语言文字的喜欢和热爱。

若继续追问，如何能变成"主动、真实的生命实践活动"呢？这又凸显了一个更为重要的问题，即语文教师的专业素养是否能胜任的问题。若语文教师长期以传递、灌输为主，自身对文字和生活缺乏敏感，缺乏运用和建构能力，就无法创造相应语言情境去触动、唤醒、激发学生深层的生命意识与文本、同伴和自我进行对话的实践活动。只有"翻转"课堂，让教学变成研究，把教学的过程变成研究儿童和研究学科并进的过程，才会不断提升教师的专业素养和能力。

若再继续追问，语文老师具备了好的专业素养，是不是语文教学就达到了理想状态？这需要进一步反思我们的文化，语文老师也是文化中人。我们的文化里，存在着崇尚"先贤"、崇尚"权威"、崇尚对"经典文本""服从"的问题，满足于"一心只读圣贤书"，缺少社会实践和人生践履，哪里会有生命体验的深度和社会关怀的理性精神，只有走向实践的深处、社会的深处、创造的深处，才会有人生深处的显现。于是，不少人，即使读了很多书，话说得很漂亮，文字表达也很美，但缺少原创性和社会建构性的深度。这种缺少批判的阅读，使自己的大脑变成了别人思想的跑马场。这种"自我"缺位的表达，常常变成漂亮的、讨人喜欢的小情绪、小情调。这应引起我们所有教育者的深思。

就教育内部而言，唯有率先从改变课堂做起，使每个老师从观察学生、研究学生入手，从传递式教学走向协同研究式教学，从工具型劳动走向创造性成长，让教学变成协同研究，把每一天、每一节课的教学都变成教学研究，研究儿童、研究学科，即教学研究的过程就是教师走向生命解放和专业成长的过程，才有可能解决教师的职业倦怠问题。

我们期待着繁荣小学更加繁荣。

走近校长和教师：两个座谈会

5月9日下午走进林西二小与几位老师进行了有关学习共同体建设的座谈。10日上午，和全县中小学校长进行了座谈。县长、教育局局长全程参加了座谈。

校长们就学习共同体建设工作谈了自己的想法。他们有了一定的学习、思考和行动，但多数校长尚处在迷惘之中，言谈中，主要体现了观念转变之难，推进之难，评价之难，大班额之难，"不能一蹴而就"之难，没有准备好或条件暂不具备之难。行动中，不断产生疑惑和问题，这才正常，尤其在初始阶段。但一定要区分出哪些是真问题，哪些是假问题，哪些是基于正确的价值判断和鲜明的自我意识，哪些是认识的误区和思维的盲区。

一、对几个问题的辨析和追问

1. 关于观念转变之难的问题

关于观念该如何转变问题，是在行动中转变，还是拒绝行动和反思，等待自己大脑的自然转变？30年前，我周边的领导、同事就一直在提转变观念问题，可30年过去了，观念转变得如何？我们为什么还依然没有达到对教育的本质理解？早在 100 年前，哲学家、教育家杜威来华，就作了大量的"观念转变"的演讲。陶行知先生更是身体力行。若进一步追问，我们口头上要转变的观念是什么？何时能进入反思和行动状态？人，是关系性的存在，只有在与环境的相互作用中，在改变世界中才能改变自己，在改变教育中才能理解教育。没有实践，没有关系建构的行动研究，哪里会有时间中自然的观念转变？

2. 关于推进之难的问题

是以行政控制的手段强行推进，还是以民主的方式与老师在倾听、对话和帮助中一起反思、一起解决问题和成长？对于那些有创造力的优秀教师，我们是在解放、成就他们，还是在压抑和控制他们？多年来，我们似乎一直在"推广""推进"某种经验或模式，实际情况呢？哪些经验、模式是我们一直在传承和坚守的？经验是可以推广、推进的吗？文化是可以复制的吗？校长们应该思考、应该找到我们教育的根本问题是什么，如何进行协作式问题解决，如何改进我们的推进型、控制性管理模式，建立民主型、学术性的学习共同体组织。

3. 关于评价之难的问题

是基于传递式教学的、指向外在的等级评价和分数评价，还是基于观察、倾听和对话的指向生命内在创造的欣赏性、理解性评价？若还沿用传统的、甄别和刺激性的理念来评价研究性教学，无疑是"中学为体，西学为用"式的驴唇不对马嘴的荒谬做法。本质上说，这种外在的以区分等级为目的的分数评价，是诱惑性的、控制性的。那种"学而时习之，不亦说乎"的内在之"悦"、思维探究之"悦"、情感体验之"悦"、产生个人思想和理解的生命创造之"悦"，几乎被外在的刺激一网打尽。如何建立基于观察、倾听、对话的，在课堂里实现教学评一体化、教学做合一，指向欣赏、理解和帮助的新的评价体系，是每一个校长和老师在行动研究中要慢慢回答的课题。

4. 关于大班额实施之难的问题

对于我市乃至经济欠发达地区而言，班额过大问题也许将在一个时期内继续存在，这确是教学改革的最大阻力之一，我们必须面对这一事实。对此，我们可以换一个角度来思考，传递式教学，即使是在农村的小班额学校，绝大部分也没有实现同学间相互学习、相互倾听和对话的关系。这种传递式教学主要强调的是原子化个人的专注、用功、内化、记忆和训练，老师在课堂上面对的是"同学们"，而不是一个个鲜活的生命个体，指向的是面目全非的"集体"分数增长，而不是尊重、鼓励每个学生有鲜明个性的创造性成长。到了大班额城区学校，就加剧了这种"同学们""集体"的模糊性。学习共同体的课堂倡导保障每一个儿童学习权的公共使命，倡导以学习小组为载体的协同学习，同伴间相互交流、讨论、质疑、问难，形成这一多重的交响乐，旨在"冲刺挑战更高水平的学习"。因而，大班额背景下的课堂现实，必须更加强调生生之间相互学习关系建构的学习共同体建设，这将会在一定程度上缓解老师面向模糊的"同学们"和"集体"的压力而走向面向每一个学习小组、每一个学生。学生才会因个体价值的凸显和同伴间协同关系的建立走向真实的学习，才会实现挑战更高水平的深度学习。

5. 关于"不能一蹴而就"之难的问题

这本不是一个问题，任何教育改革，哪里有一蹴而就之事。为什么还要在这里提出来？这个问题的潜台词意味着，学习共同体建设是个大工程，急不得、快不得，很有可能不能达到目的，因而不能轻易"上手"。这是否混淆了积极的行动、反思、改进与盲动、冒进之本质区别？顺着这个思路，我们有必要提出如下问题：当今社会所面临的主要问题是什么？教育的深层问题是什么？课堂、教师成长、学校管理等存在的主要问题是什么？实施学习共同体建设的基本理念和本质是什么？校长们对以上的问题有清晰的理性认识吗？多年以来，有多少校长带领老师在进行问题解决和行动研究？现实当然是不容乐观的。若没有对前面问题的理性认识和判断，没有开展过行动研究，怎么能理解"蹴""就"的关系问题呢？怎么能知道一蹴而就呢？当前的急迫任务是引导校长老师们进行教育思想启蒙并马上进入反思和行动研究之中。

管理、教学，本质上都是行动研究。

6. 关于没有准备好或条件暂不具备之难的问题

这是一个表面化的问题，一方面，任何改革确实都不容易，但也没有哪项改革完全准备好了，然后按"图纸"施工。一方面，畏难、观望、徘徊甚至拒斥的心理在作怪，不参与，不行动，安于现状最安全、最省力。怀有这种心态的人恐怕不是少数。这又是一个深层问题，一是对为什么要改革，为什么要实施学习共同体建设，我们理解吗？我们校长应该具有的责任感、使命感是什么？面对教育的问题，面对长年累月的厌学、厌教问题，我们能无动于衷吗？二是若要实施，我们要做好哪些准备？何时能做好准备？有准备好的那一天吗？这些，我们是心里早已有数，还是在推脱、逃避？退而言之，没有这项改革，我们的教学及管理工作难道不应该每天在行动中反思、在行动中改进吗？本质上说，校长、教师的职业特点，决定了每个人都应该是一个反思性的实践家。我们倡导、推动这项改革的最一般意义，无非是恢复校长、教师"反思性实践家"的角色意识和存在方式而已。校长们，当我提出这些问题时，我们是否在行动研究？是否进入了课堂这一教育的"深水区"进行观察、倾听和对话？是否能读懂课堂，是否能透过课堂发现学校教育的核心问题？

行动，行动，只有走向基于观察、倾听、对话的反思行动，我们的一切假设前提、怀疑忧虑、迷惘误解才能在行动中被颠覆。"行是知之始，知是行之成"，没有反思性行动，就没有对教育的理解和对自我的清醒认识，就没有走在践行真教育的道路上。唯有在行动中，我们将不断发现，发现新的儿童，发现新的老师，发现新的教育，发现新的自我。只有不断发现，才会克服倦怠，走出平庸，照亮生命。

二、提高校长对推进学习共同体建设的新认识

1. 我们的时代和问题

全球已经进入信息时代或人工智能时代，这对国家创新、对教育、对人才培养的挑战越来越明显，这意味着教育的第一目的是培养负责任的创造者。这个"创造者"，是让每个人成为负责任的创造者。信息时代

提出的核心素养，已成为热词，被不断使用。什么是核心素养，基础教育中学生应该具有哪些必备品格和关键能力，2017 年版的普通高中各学科新课标又分别提出了哪些具体的学科核心素养。这些，我们的校长是否知晓。如果不知道，我们又怎能实现"校长的领导首先是教育思想的领导"。我赞同张华教授的概括，核心素养即批判性思维、创造性思维和复杂交往能力。这些必备品格和关键能力，不是等学生读了博士或长大成人才开始拥有，而是要把这种创造精神、创造人格落实在整个教育的每一天、每一节课中。

看看我们的初中毕业生、高中毕业生，看看我们的职业高中学生，看看我们的成人世界，终生没有形成主动学习和探究能力的人是占少数还是多数？正如前不久网络上流行的一句话：欧美国家的教育早已换了赛道，我们还在旧的赛道上奋力奔跑。

这不能不引起我们的深思，我们新的"赛道"在哪里？

2. 我们的教育选择

正是基于人工智能时代对教育提出的新挑战、新要求，以及我们教育自身所存在的根本问题，我们谨慎选择了"让教学变成协同研究"的研究性教学新范式和"建设学习共同体"的 21 世纪学校新哲学。我们以此为基础，正在建构着"实施一体两翼三评价，建设学习共同体"的学校整体内涵发展策略和"六项行动"。这是基于世界先进教育哲学的价值判断和现实行动，张华教授的研究性教学论、陈静静博士学习共同体实践案例分别是我们行动的直接理论来源和实践指导。

所谓"让教学变成协同研究"，就是把教学的过程变成师生合作进行研究和问题解决的过程，产生并创造个人思想和理解的过程。张华教授在《研究性教学论》一书中写道："创造条件，让人在知识探究中产生自己的思想、体验和理解。学生在持续的知识探究中发展学习兴趣、探究能力和创造个性。教师在持续研究学生的理解并与学生合作探究知识和生活的过程中发展教学知识和专业素养。"[1]

---

① 张华：《研究性教学论》，封底，上海，华东师范大学出版社，2010。

所谓"建设学习共同体"，就是基于保障每一个儿童学习权的公共使命，开放每一所学校、每一间教室，让学校、班级、课堂成为学生之间、教师之间、家长之间以及所有教育人之间相互学习、合作共生的场所，在相互学习中实现每一个儿童、教师最好的个性化成长。

所谓"一体两翼三评价"，就是以课程教学改革为主体，以管理转型和教师成长方式转型为两翼，以改进学生、教师、学校评价为导向和保障，协调推进学校整体转型，把学校建成学习共同体。"以课程教学改革为主体"，包括"让教学变成协同研究""让每个老师成为课程领导者和创生者"。管理转型，即让校本教研成为学校管理的主旋律，让学校管理变成对教师成长的帮助，让学校变成民主型、学术型的学习共同体组织。教师成长方式转型，即引导校长、教师过终身"读书—实践—写作"三位一体的教育生活方式，改变"观摩—评价—建议"的听评课范式，走向"观察—描述—自我反思—改进"的课例研究范式。"读书—实践—写作"三位一体的教育生活方式，其中的"实践"，是指"让教学变成协同研究""让每个老师成为课程领导者和创生者"的行动研究。围绕实践，不断读书——与经典大师对话，不断写作——与自我对话、反思和"立言"。改进"三评价"，即改变以分数排队、甄别、区分为主的"外部"评价方式，走向以"教学评一体化""管研评一体化"为主的"内部"评价范式，让评价变成欣赏和帮助，让评价指向生命觉醒、问题发现、协作式问题解决和人的个性成长。

所谓"六项行动"，就是在课堂、课程、学科建设、管理、教师成长、评价等六个领域里开展行动研究，践行尊重、倾听、对话、民主、研究、创造的学校文化，追求让教学变成协同研究，让成长变成协同研究，让管理变成协同研究，让评价变成协同研究，指向协作式问题解决的学校文化。

实践已经在不断证明，这一路径不是我们可选择可不选择的问题，你可以超越它，但不能绕开它。

为什么首先要转变课堂？这涉及学校整体转型的逻辑。只有课堂改变，教师才会改变，教研方式才会改变，管理才会改变，学校才会改变。唯有从课堂，到教师成长方式，到管理，由内而外，由外而内，合作共生，持续互动，学校整体转型、建成学习共同体才会有希望，保障每个孩子的学习权、培养负责任的创造者才有希望得以实现。"实施一体两翼三评价，建设学习共同体"及"六项行动"，正是基于这样的逻辑表达和模型建构。

这个逻辑表达，是教育行政部门对基层学校发出的变革"邀请"和对话方式。真心期望，每一位校长、每一个教育人，在"邀请"中、在对话中，从自我出发，主动出发，创造出我们自己的实践样式和话语表达。

教育学者叶澜教授说得好，教育，就是教天地人事，育生命自觉。此谓至理名言。但我们为什么教了那么多天地人事，却没有育出多少生命自觉？其主要原因，就是我们"教"的方式错了。只有让教学变成协同研究，变成协作式问题解决，只有在成人成事中成己，生命自觉的精神之花才会开放。

我们期待着，教育走在行动研究的路上。

我们期待着，每一个儿童、每一个教育人的生命花开。

敞开学生学习的秘密，走向生命的觉醒和创造

2019 年 4 月 19 日无疑是个好日子。宁城三中赵连峰校长带领 8 名教师来市里，就启动学习共同体建设以来的一些想法，做了汇报和交流。市教育局参加的人员有：刘学民、丛智芳，受邀嘉宾有松山区地质二中梁士魁老师、松山区燕山府邸幼儿园袁丽茹园长。会场设在赤峰二中行政楼 6 楼党建活动室。

这是一次意义非凡的汇报会和研讨会。校长、老师们纷纷介绍自己的认识、做法、体验、收获，并提出一些困惑和问题。这是一群有活力的教育人在叙说、在倾听、在思考、在对话、在质疑。在一种安全、柔和、温馨、友善的气氛中，一下午很快就过去了，大家仍意犹未尽。会议呈现出以下几个特点。

一

一、实现研讨内容的翻转——发现了学生，直接指向学生真实学习的发生

几乎每个人都从课堂出发、从学生的学习如何发生出发来展开话题。如何组织倾听，如何让课堂"静悄悄"，如何走向课堂的安全，如何引发学生主动的思考，如何进行小组排列和组织协同学习，如何让学生好学好追问，如何让学生把想的东西写出来，如何让学生说出自己的看法……当我一边倾听一边记录，突然发现，我们的研究内容在没有任何要求和提倡的"控制"下，悄然发生了翻转，翻转得是那样不留痕迹：从研究教翻转为研究学，从研究教学技术、研究如何强化记忆、如何复习备考翻转为如何组织倾听和对话，这本质上是从以灌输、传递式为主的"专制性"教学翻转为以协同研究为主的"民主性"教学。这个"无意"的生成真是让人惊叹不已、感慨不已。这可是一群带着中考任务的教师啊，这可是一群才刚刚实践一个多月新课堂的教师啊，这可是一群年近50岁的中年教师啊，他们怎么就不约而同地放下了被老师们视为制胜法宝的"教学技术""教学方法"了呢？他们怎么就不小心集体"瓦解"了他们用惯了的教的逻辑了呢？用教导主任林安峰的话说，学习共同体的课堂本质上是一种新理念，我们必须从确立这种新理念入手。林主任所说的新理念，其实就是教学必须从倾听和观察学生入手，以学生的个性化学习为中心的"研究性教学"，就是不断建构学习关系的学习共同体课堂。老师们一旦在这个逻辑里思考问题，就不知不觉地实现了这种研讨内容的神奇翻转。

这种基于课例的研究，不能不让我们想到，学生成长的课堂，同时就是教师成长的课堂。课堂，成了教师真实的教学实验室、研究室、观察室，而不是比喻意义上的。进而言之，教学研究使课堂转型和教师成长变成了一件事。当教师在倾听、观察学生时，教师就是在做研究。诚如达克沃斯所言，教就是倾听，学就是告诉。

学生学习的事实，既是教研的起点，也是教研的重心。

二、实现研讨方式的翻转——发现了同伴，怎么让学生学习就怎么让自己学习

很多学校，最难做的工作可能就是组织集体教研了，因为大部分甚至绝大部分老师都不愿意参加。不愿意参加的原因是复杂的，因走形式而没有吸引力是主要原因之一。我参加过多次校本教研活动，常有这样的镜头：一个老师照着稿说完，另一个老师继续自说自话，老师和老师之间没有倾听，没有对话，没有观点的碰撞和情感的交流。组织者也无法围绕教研主题组织串联，现场气氛常常很尴尬。在我看来，主要的原因，就是那种传递式的课堂对学生学习的"真实"是遮蔽的，因此，老师们的研讨在教的逻辑里都大同小异，没有基于学生个性化学习的丰富的研究事实，因而也就没有获得感。

但本次研讨，似乎没有主持人的存在，每个人都在基于自己课堂里的事实，谈做法、谈体会、谈疑惑、提问题。谈的人是那样用心、用情，其他老师都自然产生了极大的倾听热情，不断展开交流，并自然形成有串联的对话，每个人的思想、理解都不断流淌出精彩。我又突然发现，这不就是让学习真实发生的协同研究的学生课堂吗？大家都返回到真实的课堂情境里，都在带着疑惑、不安和惊喜进行问题解决、进行思考和探究，每个人都在做出自己的理解和表达，精彩观念随时产生。学习之所以自然发生并实现深度学习，不就是遵循了学习本质和教学本质吗？不就是不断建构倾听和对话的学习关系吗？

看来，教师教研方式的翻转是建立在教学翻转的基础上的。老师眼里有了学生，就有了学习的真实发生问题，进而形成真实的教研问题，于是在研讨中才因需要"发现"并"相遇"了同伴。教研组，是教师成长的集体研究室。

三、实现研讨态度的翻转——发现了自我，走向生命的觉醒和创造

人是一种关系性的、理想性的、超越性的、创造性的存在。生命的最大尊严，是教师拥有了自由的思想和独立的精神。对此，老师们最初

在理性上是无意识的，但他们随着研讨的深入，实实在在地用行动做出了生命的这种存在性的回答，也因为拥有了这份尊严而显得格外认真、投入和自由。走向儿童研究和学科实践的研究性教学无疑唤醒了教师的生命自觉。

卜玉芬老师抛出如何对待教学目标的问题，引起了全场的激烈争论。之所以如此，是因为这个问题的背后蕴含的是新与旧课堂理念之根本不同。比如，教与学之间到底是什么关系？是谁先谁后、谁主谁次，还是教学做合一、协作式问题解决？再如，知识观的问题，知识是凝固的等待记忆的结论还是探究的不断走向理解的一种假设？教学的过程是直接掌握知识的过程，还是把知识和生活当作探究的对象，进行问题解决的过程？因为触及教育的内核问题，因为这些问题都是每个人课堂里经常遇到的真问题，一直困扰着老师们，老师们的所有经验突然全部被打开。在激烈的交流碰撞中，或愁眉紧锁，或突然顿悟，或会心一笑。老师丝毫不觉得，自己是在被学习、被研讨、被灌输教条。老师们感觉到，研讨就是在"做事"，就是在解决问题。这个做事的"自我"也可以创造自己的教学知识。因此，这次研讨会，是一次研讨态度，也是教师的生命存在形式的巨大翻转，问题解决让"自我"的存在得以彰显，真正走向了教师生命的觉醒和创造。

行文至此，可能有人会问：为什么把教研态度的翻转放在第三位来阐释，而没有放在第一位？细心的读者一定会体察到，态度，不是首先确立的，不是用师德、用制度"要求"出来的，而是在行动中创造出来的，在真善美的情境中诱发出来的，甚至是自然流淌出来的。

老师因为观察、倾听学生，发现了学生，发现了新的教育世界，产生了自己的思想。你是谁？你就是你的思想。因为产生了自己的思想，发现了自己，发现了自己还拥有可以继续不断打开的美妙的令人神往的精神世界。发现学生、发现教育、发现自己，就是创造新的教育、新的自己。还有什么比发现自己、创造自己更令人兴奋的事情吗？发现学生学习的真实、发现教师同伴、发现教师自己，其本质是相互教育、相互支撑的三位一体的关系建构。

概而言之，教学，就是建构关系。教师，在研究教学中、在帮助学生成长中成长自己。诚如杜威所言："人不是孤立的非社会性的原子，人唯有内在地与人关联才成其为人。"[1]

我们期待着，期待着更多的教育人，去发现学生、发现自己。也许，教育就是发现，不断地发现。

我们之所以要组织这样的研讨会，就是要改变那种以灌输为主的、野蛮落后的传递式教学，就是要"救救"孩子，也同时是在救救我们教师自己：走出控制，走出异化，走向解放，走向创造。

我们无意中创生出这样一个新的研讨会，就是创造了一种新的命运选择。选择了研究性教学，选择了学习共同体，就是选择了一种新的存在方式、一种新的实践样式、一种新的关系建构。

---

① [美]詹姆斯·坎贝尔：《理解杜威 自然与协作的智慧》，40 页，杨柳新译，北京大学出版社，2009。

自由与创造

那些伟大的天才们，卓越的科学家，如爱因斯坦，即使是常年坐在轮椅上的霍金，其精神也是自由的。绝伦的艺术家，如嵇康、曹雪芹，他们的人格就是作品，作品就是人格，相互辉映，光芒万丈。

自由，本应生而具有，更需向自我的内心寻求。

自由，是人性的本质。没有自由，就没有创造。没有创造，就没有真正的自我实现。

生命的原始创造力，就是——爱。之所以称之为"原始创造力"，就在于其自然性、个人性。爱的表达过程，就是"相遇和对话"，就是创造。爱的目的，就是对真善美的追求、创造和看护。没有自由的保障，爱，就不能充分表达。

生命之"我"的另一个名称，叫爱，是尽情而理性的自由之爱，是自己所"由"之爱。

世界应从"我"开始

世界应从"我"开始。只有我，才能创造自己，同时创造世界。

爱，要从爱自己开始。爱自己才会更好地爱别人，爱自己与爱别人是同时发生的关系性存在。

做，要从做自己开始。唯一的"我"，没有别人能够代替，只能自己成为自己。做自己，就是站起来，昂起头，肯定自己、悦纳自己、完善自己、夸耀自己，就是敢于摆脱世俗，摆脱自我囚禁，敢于用批判的眼光看世界、看自己。做自己，就是不断从"我"出发，去建构一切，又不断返回"我"。"我"，既是生命的原点，也是归宿。

思，要从反思自我开始。"我"是谁，"我"能认识自己吗，"我"该成为一个什么样的人？

爱自己，做自己，反思自己。这样的"我"，才是真实的、简单的、可爱的、有力量的、独一无二的。

大气象者，必基于大关怀

我等因何厌倦学习、工作，甚至生活？作为教育工作者，我一直在思考这个问题。

个人的世界太狭小，把一己之私看得太重，缺少对人类的大关怀，生命力委顿、孱弱。

孔子、王阳明、鲁迅都生逢乱世，都在指出社会病症，并用行动寻找"药方"，才铸就了他们宏伟的生命气象。

这些大气象者们，也可以说都是人类的大导师。

也谈核心素养

什么是核心素养？在大谈核心素养的教育时代，众说纷纭。

近日读邓晓芒的《哲学起步》，忽然心动而似有所悟。

简单地说，核心素养，就是人的精神，就是真善美的三位一体。

具体而言，真，就是科学精神，就是探究能力，就是批判性思维和创造性思维。

善，就是人与人之间和谐关系的实现，就是合作和交往能力。

美，就是爱的能力，就是审美和创造能力。

精神，就是自我意识。自我意识的来源在哪里？在人的本能。人的本能，才是人生长的可能，也是教育的可能。人之精神发源地在人之本能处。

杜威说，人有四大本能：探究、建造、交往、表现。若粗略归类，探究，属于科学精神的源头；交往，属于民主精神的源头；建造、表现，属于审美创造精神的源头。

第三章

如何在研究中自我启蒙和反思

重新开启教育的新时代，我们期望：让教学走向探究；让每个老师变成课程创造者；让课程走向生活实践与学科实践的融合；让学生过上自由探究的幸福生活；让老师过上研究性教学的幸福生活；让管理变成帮助教师和学生成长的手段。

用思想走路，以行动印证价值

赤峰首届校长高峰论坛历时 3 天，于 2013 年 8 月 12 日圆满结束。

教育局、教育学会在 2013 教育管理创新启动之年共同举办这次论坛，旨在引导干部、校长摆脱感性经验束缚，提高理论思维修养，扩大教育文化视野，推进课程教学改革，提高学校文化品位，追求优质特色发展。称之为"首届"，意在市教育局今后要把这样的论坛作为创新教育管理的重要手段，形成制度，还要办第二届、第三届……称之为"高峰"，意为赤峰教育人渴望站在全国教育乃至世界教育思想的制高点上，聚赤峰教育之英才，交流思想，增长智慧，共谋赤峰教育发展之大计，共论学校发展之真谛；引国内知名专家校长之智慧，为赤峰由教育大市走向教育强市注入动力和活力。

本次高峰论坛在内容上突出"创新管理·内涵发展"这一主题，体现了我市教育未来发展的主旋律——通过教育管理创新，促进赤峰市教育的内涵发展。

论坛共有两项内容，一是市内中小学校长交流研讨。参加论坛的中小学校长围绕这一主题，提交了材料，论坛组委会编印了《赤峰首届校长高峰论坛文集》，以书面形式，阅读交流，相互切磋。二是全国知名校长、专家作教育主题报告。此次论坛有针对性地邀请了 7 位全国知名校长、专家，分别从课程理论与实践、课程与教师发展、高效课堂教学、校企合作办学、学校内部管理体制改革、校长在学校发展中的作用等方面，对"创新管理·内涵发展"这一主题进行了多层面、多视角诠释。他们的讲述既有国际理论视野，又有中国本土化实践高度。可以说，这是不同地域教育文明的一次汇聚、一次高水平的思想盛宴。

市教育教学研究中心曲龙老师从社会发展的背景，引领我们去认识课程改革的重要意义，从学科实践的角度深入浅出地讲了改什么和怎么改的问题。曲老师说的"课改的推进程度，是衡量学校教育发展程度的标尺"这一观点，应引起我们深思。

上海刘友霞校长从队伍建设、课程教学改革、管理创新三个重要基点出发，阐述了同济二附中"质量＋特色"的办学之路。厚重的文化思考，稳健、智慧的教育行动，让同济二附中彰显出鲜明的特色。

昌乐二中赵丰平校长对现行教育弊端做了深刻批判，并用行动建构了他理想的昌乐二中教育。他从教育应该具有的价值观、价值观指导下的课程体系、落实课程体系的"721高效课堂"、实现高效课堂的管理保障等四个方面诠释了"办有价值的教育"的思考。

山东潍坊商业学校于建平校长、包钢一中赵嘉奇校长都用实践中的思考和真实行动为我们讲述了他们的办学之路。他们鲜明的办学特色、突出的办学成果就是他们人品、工作能力、管理水平的最好诠释。

云南文山壮族苗族自治州一中钟子俊校长的学校内部管理体制改革，应该是学校创新内部管理体制的典范之一。治理结构改革、薪酬体系改革、人事制度改革、教学方法改革、开放办学改革，这些办法、措施，体现了领导者的大胆、睿智。

几位校长、专家的思想和实践，至少给我们以下几点启示。

1. 校长要有丰满的人性、丰厚的人文底蕴和开放的国际视野，才可能办好"人"的教育，才可能培养出面向未来的世界公民。

2. 校长必须善于不断地学习、思考、实践，才能使自己有文化、有修养，才能深入求解教育之道，才能在长期的办学实践中，不是乱折腾，而是"吾道一以贯之"。只有校长读书，才能带动教师读书，才能带动学生读书，进而带动家长、社会读书。唯有如此，才可能创建学习型学校、学习型社会。

3. 校长要有把思想转化为行动和习惯的能力。这种能力，既涉及校长的领导力和魄力，也涉及行动的方法和策略。

4. 学校实现内涵发展，校长必须具有足够的课程领导力。学校改革，不能仅停留在教学层面，还要上升到课程层面。提高校长课程领导力，应成为校长重要的专业追求。

5. 学校内涵发展从办学价值观，到课程，到课堂，到教师学生管理，要做好整体设计，形成相互支持的闭合逻辑链。尤其是普通高中，要尽快转变课堂教学方式，进而改变课程内容，最后达到理想的育人效果。

6. 普通高中要实现内涵发展，要提高教育质量，推进课程教学改革不仅是可能的，而且是必需的。课程教学改革不仅提高了学生综合素质，也带来了高考的大面积丰收。

7. 提高教育质量，实现精细化管理，必须改变落后的管理方式，创新学校内部管理体制。

8. 教育家办学治校，对于我们似乎还有些远，但方向确定了，总会有达到的那一天，这应成为赤峰市校长们的职业追求。

推动教育启蒙，追求理想教育

第二届校长高峰论坛，历时 3 天，于 2014 年 8 月 13 日圆满结束。

一、论坛概况

举办本次论坛，目的是切实提高基层教育管理干部和校长的理论素质和实践能力，以更好地实施赤峰市高中带动战略，实现普通高中优质、特色、多样化发展，促进基础教育内涵发展。也以此为平台，实现市教育局自上而下的"顶层设计"与基层自下而上的创造性工作的有效沟通与衔接。论坛的主题是"优化学校内部治理结构，深入推进课程教学改革，建立'读书—实践—写作'的教育生活方式"。主题包括三个方面的内容，也是三个重要"行动"，直接指向赤峰教育学校管理水平不高、课程改革难以推进、教师专业成长缓慢这三个突出问题。这三个"行动"将是我市基础教育未来可持续发展的三个重要"支柱"。

论坛分两条主线运行。一条主线是中小学校长、管理干部以书面的形式进行交流，交流材料汇编入《赤峰第二届校长高峰论坛文集》。文集除了收录市内校长文章 29 篇，教育管理干部、教研人员文章 5 篇，还收录了论坛上所邀请的专家、学者、校长的文章 6 篇。同时编印了《普通高中学校发展规划汇编》、《普通高中学校工作要点汇编》以及《普通高中学校读书方案及阅读书目汇编》，方便各校相互借鉴。

另一条主线是邀请全国著名专家、学者、校长进行学术引领。全国基础教育课程改革专家组组长钟启泉教授，自治区教研室郭小明主任，知名教育学者陶继新老师，《中国教育报》课程周刊赵小雅主编，江苏省无锡市锡山高级中学唐江澎校长，以及我市教育局局长，做了专题讲座，覆盖了教育理论和实践两个层面。他们分别从教育理论家的视角、文化学者的视角、教研部门的视角、教育媒体人的视角，以及我市教育发展的行政管理视角，多维度阐释教育思想和独特观察，既全面诠释又集中聚焦本次论坛主题。

为引进国内高水平专家、学者、校长助力赤峰教育发展，市教育局聘请钟启泉教授为课程教学改革专家指导组首席专家，聘请陶继新老师为学校文化建设专家指导组专家，聘请唐江澎校长为高中教育发展专家指导组专家，为他们举行了隆重的聘任仪式。

二、论坛为我们提供了丰厚的思想和办学经验

为确保论坛的"高峰"特点，一是对照论坛主题，精心设计讲座内容，对照内容，再有针对性地邀请专家。我们所邀请的专家多是在国内某个领域内具有突出影响力的，在理论或实践上卓有建树的。二是认真挖掘总结本地教育思想经验，梳理专家学者教育思想及其给我们的启示，以孕育我们赤峰教育的思想高峰、文化高峰，努力把赤峰校长论坛办成品牌，让其成为赤峰教育人的精神高地、思想盛宴、学术重心、文化传播平台，形成我们赤峰教育的文化符号。

论坛结束后，大家一致认为，这是一次高层次、高水平的思想引领，专家、校长们的讲座，多是国家级甚至是国际级的水平，能够近距离直面大师风范，直面学者情怀，直面新鲜的前沿学术动态和可资借鉴的全国优秀学校的经验、做法，是我们的幸运。一位高中校长坦言：

"之前我对市教育局的高中发展思路是隔膜的，甚至是抵触的。通过这次论坛，我完全理解，并愿意主动实施。"

钟启泉教授作为国家基础教育课程改革的领军人物，为我们全面阐释了课程改革的理念及亮点，在着重指出当前教育改革乱象的基础上，提出了课程改革的逻辑与课题，对课程、课程领导力、基础学力、"三关"、课堂革命进行了纠正性解说。特别难得的是，他就如何把"课堂"转型为"学堂"给出了可操作性方法。

唐江澎校长以其敦厚大气的风格、深刻的教育思考和扎实的教育实践，向我们诠释了校长应该具有的家国意识、民族情怀和教育良知，为我们回答了什么是坚守教育之正道，什么是现代校长、现代高中，什么是教育思想的领导，什么是"读书—实践—写作"的教育生活方式。某种程度上说，唐校长所领导的无锡锡山高级中学，正是我们高中建设所要追求的"理想型"，一面是内部结构优化了的扁平化管理模式，一面是具有学术高度的教研组和学科建设。我们所要破解的三个核心问题都可以在这里找到答案。

赵局长针对我市规模高中如何推进学校治理结构和治理能力的现代化问题进行了集中阐述。从政治、社会、教育三个方面介绍了学校治理结构和治理能力提出的背景，厘清了治理与管理的关系，以文山州一中为例分析了学校治理的三大核心权力和三大要素，为学校优化内部治理结构提供了科学的理论支撑。

三、论坛形成我们的教育主张

我们把校长高峰论坛定位为教育启蒙的论坛。为什么要提出启蒙？我们的校长可能特别地懂社会、懂人情世故，可是专业发展如何？我们是否能够正确认识自我，进而渴望改变自我？我们的精神成长是否真正走向了成熟？关于教育的本质问题，关于人文精神的培育问题，关于学校的内涵发展问题，等等，是否成为我们对教育的基础性思考？如果答案是否定的，说明我们特别需要进行启蒙。有学者说，启蒙的本质，是批判，真正的批判是自我批判。美国学者波斯纳说，成长＝经验＋反思。这里，反思的本质是自我批判，没有这种自我批判的反思，如何能实现我们的专业成长（其实是生命成长）。批判并不是目的，批判是为了深刻反思后的自我改进。

启蒙的意义就在于唤醒自我，运用自己的理性，产生文化自觉，认识自我、批判自我，进而改进自我、成就自我，成就学校、成就学生。因此，论坛提出了赤峰教育的启蒙口号：知己知人，成己成人。论坛对这8个字进行了解读，并围绕论坛主题，拟定了7条论坛宣言。我们的教育主张内容如下。

（1）毫不动摇地坚持"优化学校内部治理结构，深入推进课程教学改革，建立'读书—实践—写作'的教育生活方式，改进学校、教师、学生评价体系"这一高中发展主题。

（2）校长的高度决定一个区域教育的高度。校长"认识自我，批判自我；改进自我，成就自我"，这是实现学校内涵发展的逻辑起点。

（3）校长是一个学校的文化符号，是学高之师，行正之范。校长，应该是也必须是"'读书—实践—写作'教育生活方式"的先行者、示范者和坚持不懈的推动者。

（4）引导教师追求幸福的教育人生，乐学乐教，建立"读书—实践—写作"教育生活方式，这是克服教师职业倦怠的根本，实现教师专业发展的根本，也是建设学校文化的根本。

（5）让"自主、合作、探究"成为学校文化内涵的核心关键词，成为学校、校长、教师、学生的共同价值追求和实践行动方式。其重要标志，就是教师乐学、乐教，就是把"课堂"变成"学堂"。

（6）让我们的管理直接指向学科建设，指向三级课程，指向三维目标，指向"自主、合作、探究"学习方式的建立，指向校本研修，指向"读书—实践—写作"教育生活方式的建立。

（7）敢于坚守教育之正道，敢于做自己，敢于办出自己的学校，向着教育家的方向迈进。

赤峰教育人将以实际行动践行我们的论坛口号、宣言。每个校长、每个赤峰教育人将以实际行动从改变自我做起，进而改变学校，改变我们的教育。

构筑发展新体系，打造赤峰新教育

2015 年 6 月 19 日、7 月 5～6 日，第三届校长高峰论坛历时 3 天，圆满落下帷幕。

一、论坛主旨及内容形式

此次论坛，在前两届的基础上，继续探讨如何打造赤峰新教育，深入实施高中带动战略，推动教育启蒙，提升校长、教师课程领导力，构筑教育发展新体系，启动赤峰市普通高中学科建设工程。基于此，论坛聚焦四个主题词：课堂、课程、成长、评价。即聚焦课堂、课程、成长、评价四个方面有紧密逻辑关系的领域，进行整体改进，促进新课程理念下的课堂转型及课堂背后的课程建设；建立支撑课堂、课程建设的教师可持续专业成长机制；探索课堂与课程，教师、学生及学校成长的评价机制。

论坛邀请了全国顶级专家、学者、校长开展讲座指导，为我市教育发展建言献策。请到的嘉宾有国家基础教育课程改革专家组专家、国际课程研究促进协会主席张华教授，中国社会科学院学者、著名作家周国平先生，全国知名校长程红兵、赵桂霞、夏雷震等。他们分别从课堂、课程、成长、评价等方面，进行学术引领和示范指导。校长、老师们近距离感受大师、名家的人格魅力和深厚学养，对工作价值、方向、路径和策略有了新的认识和思考，反响空前。老师们纷纷请专家签名，与其合影留念，多家新闻媒体进行了现场采访和即时报道。

论坛上，赤峰市中小学校长、管理干部以书面的形式进行交流，并汇编成《赤峰第三届校长高峰论坛文集》。文集除了收录市内校长文章 47 篇，还收录了论坛上所邀请到的专家、学者、校长的文章 6 篇。

二、举办论坛的主要收获

(一)持续推动教育启蒙

市教育局之所以倾力办好每一届论坛,一个首要目的就是持续进行教育启蒙。教育者为什么提出并持续推动教育启蒙?尽管素质教育被提出了多年,赤峰市教育也有了诸多改进,但本质上还没有突破应试教育。这种应试教育常常遮蔽了教育者"我"的存在和成长,缺少独立思考、文化自觉和行动坚守。因此,急需在思想层面进行启蒙。

首先,就是对教育者被遗忘的"我"的唤醒,进而主动成长这个唤醒的"我","敢于随时公开运用自己的理性",使每个教育者有自己的价值追求、教学主张和行动坚守,自觉遵循教育规律和人才成长规律。

其次,引导教育者确立教育终极价值和终极关怀,把人生、教育的最根本问题想清楚,使之拥有"独立之精神,自由之思想",走在"知己知人,成己成人"的路上。这样说,似乎很奢侈,但教育本身就是一个理想的事业,作为校长、教师,有没有这个终极价值追求,做人和做事是不一样的。要培育什么样的人,办什么样的学校,营造什么样的教室,追求什么样的课堂,如何保障每个学生的学习权,这些,应成为我们教育人的使命和愿景。

再次,引导校长、教师提升理论思维水平,建立自己学校的话语体系及发展框架,建立教师自己的教学主张及发展路径。这将显著改善和提升我们的行动力。这是我市当前急需解决的问题。为什么请周国平、张华等著名学者,为什么请巢宗祺等国家课标组长,就是为了让他们进行高位的理论引领。陈家琪教授说,哲学的事业就是把看起来杂乱无章的内容(但从整体上看一定是合理的)在形式上合理化。[1] 这对于我们理论匮乏之教育现实太有针对性了。校长的理论素养,在于能否提炼出现实中的问题,做理论化的概括和行动框架的设计。一个优秀校长的标志,就在于有自己的思想主张和概念系统。从连续三年上交的校长论文

---

① 陈家琪:《当代哲学问题九讲》,5 页,北京,北京大学出版社,2014。

中，可看出赤峰市校长的理论水平整体在提升，学校内涵发展的行动框架和工作模型在逐渐完善。

(二)关注成长，引导校长和教师做终身实践者、阅读者和写作者

课堂、课程背后是校长、教师的持续成长。我市和经济发达地区的差距表面上是课堂、课程的差距，其实根本差距是人的素质差距。因此，市教育局早在 2013 年就提出：建立校长、教师"读书—实践—写作"教育生活方式，培养终身学习者。这是促进教育者持续成长绕不过去的路径，也是赤峰教育未来的核心发展力。如何理解"读书—实践—写作"三位一体生活方式？这里的"读书—实践—写作"是指教育工作者的"专业"生活方式，是"知己知人，成己成人"的实践表达。读书、实践、写作三位一体，以实践为核心，以读书、写作作为两翼，形成一个互动的开放系统。论坛上，校长、老师们与唐江澎、程红兵、赵丰平等全国著名校长进行行动对话，与周国平、钟启泉、张华等全国著名学者进行思想对话，与学者、校长们的人格魅力和成长路径对话，并延伸至与陶行知、杜威、泰勒、施瓦布、舒尔曼、派纳、诺丁斯等中外教育家进行对话。赤峰教育人的文化自觉意识在被唤醒，渴望改进课堂和课程，喜欢读书写作的校长、教师群体不断扩大。

把"读书—实践—写作"教育生活方式中的"实践"作为核心，就是要我们首先扎根实践，不断在实践中改变自己，丰富自己，成长自己。在实践之根上，嫁接读书，嫁接写作，再将读书和写作所得转化为行动，我们就走在了成己成人的道路上。离开实践而读书，离开实践而写作，我们将有可能沦为"伪知识阶级"。现实中，我们的身边就存在着轻实践、重"学习"的现象。他们不断向外学习，从北方到南方，从年轻到年老，始终传说着别人的思想和经验，却没有自己的话语和实践成果。也许有人会激烈反对这一观点，我们天天在学校里，如何会轻实践？这里所说的轻实践，主要是指对本职工作以被动应付、重复劳动为主，缺少主动研究、改进和创造，没有把实践变为"目的性的对象化活动"，既对工作改进不大，也未能在岗位上显著成长自己。简单地说，真正的实践，一定具有创造性，创造工作，成长自己。因为不愿深入实践，我们将长期或终其一生匍匐在别人思想和行动的脚下。如此说，是要提醒我们这个文化生态中的严重弊端，这也是教育启蒙的应有之义。

如何实践？从小处做起，一分钟一分钟行动，一寸一寸行动，一个问题一个问题行动。最后，用"做成自己"将每一分钟、每一寸、每一个问题连缀成一个属于自己的存在。比如，我们请到的赵桂霞校长，她用实践回答了：校长，是做出来的。她仅仅做了8年的校长，就"顺理成章"地"做"出了在全国颇负盛名的新学校——广文中学。何谓"顺理成章"？听她的思考，看她的行动轨迹，这个新学校的蓝图似乎早已在她头脑中绘就，只需要时空的经历就可"顺理成章"，就可成为全国名校，成为基础教育领域里的一个成功发展样例。如何实现"顺理成章"？做，用爱心，用思想，用智慧，用坚持去做。唐江澎、程红兵等人，他们的行动无不在诠释着：校长的全部尊严在"做"。在实践中，他们拥有了各自的话语、理念、行动策略和实践成果。

(三)为赤峰课改再出发指明了方向，并提供了相应的操作策略

2014年，教育部印发了《教育部关于全面深化课程改革落实立德树人根本任务的意见》，对下一步全国课改工作进行了全面设计和总体部署，这标志着国家课程改革实现了再出发。论坛上，张华教授指出了课程改革再出发的三个方向性的变化，并以学术报告的形式，全面系统地阐述了其中的两个变化。这也是我市课程改革需要集中精力突破的两个关键领域。一是课堂转型，由自外而内、自上而下的传递知识转变为师生合作探究知识，就是让教学变成研究。二是构建每个学校自己的课程体系，让教师成为课程领导者。把国家课程、地方课程和学校文化融合在一起，让每一个教师首先变成课程的开发者、创造者和领导者。

其中，第一个学术报告"让教学变成研究——重建课堂教学方向"，主要讲了三个问题。这里把第一个、第三个问题部分内容呈献给大家。

第一个问题，什么是教学，即如何理解教学。

张教授指出，教育民主化运动(以陶行知等为代表)让现代教学提升为民主的教学。所谓民主教学，就是基于民主的理想去改造教学。民主的理想有两个特性：第一，民主是互动的、合作的。第二，民主一定是探究和创造的。民主意味着思想自由；民主，作为一种制度，是一种保护思想自由的制度；民主，作为一种人格，是一种创造性人格；民主，作为一种生活，是一种创造性生活；民主，作为一种行为方式，是一种探究创造和问题解决的行为方式。将以上两种结合起来，民主，就是人与人之间合作解决问题、合作探究问题的一种过程和结果。民主，即合作性实验。

因此，课堂教学应该发生两个深刻变化：第一，教学不再是传递，而是探究和创造。课堂再也不是传授别人的知识，课堂教学变成了探索知识和生活，产生自己思想的过程。教学就是一个问题解决和探究的过程。第二，教学再也不是三个实体（教师、学生、教科书）的组合，教学变成了关系，即教学是个关系范畴。教学，如果变成探究和创造，就会永远充满神秘感。教学的根本特性就是探究性、生成性，生成性就是创造性。

第三个问题，怎样让教学变成研究？

首先要回答学校分门别类的学科的本质问题。什么是学科？学科即问题，学科的本质就是问题。学科的本质不是固定的结论，而是等待不断探究的问题。如果教育的本质是通过知识来获得人的解放，那么这个知识必须是开放的知识，即让我们的知识充满不确定性，让我们的教学建立在充满不确定的问题情境基础上，这样的教学才可能是解放人的教学。

杜威说，学校的学科知识必须和儿童的经验结合起来，否则就会压抑儿童。学校学科必须和生活联系起来，否则其意义就得不到彰显。在杜威看来，成人的学科知识和儿童当下的心理经验是两个问题。什么是学校学科呢？转化成了儿童的心理经验的学科知识，才叫学校学科。儿童的心理经验具有学科价值。课程开发和教学的本质是转化，把学科知识转化为儿童心理经验。因此，教育就是经验的不断改造。怎么改造？就是通过探究活动让学科知识和儿童经验结合起来，最终促进孩子经验的成长。忽视了学科知识，就会走向儿童中心论；忽视了儿童经验，就会走向学科中心论。学科中心论就是用知识来压抑儿童，儿童中心论就是放纵儿童。二者的共同错误，是把学科知识与人类的经验割裂开来。

经过杜威的努力，学校教学中有了儿童、有了社会。

其次，怎样让教学变成研究？将教学变成儿童（学生）研究，这是民主教学的基本特征。教学生的过程，就是研究学生的过程。教师即儿童研究者。将儿童研究和课堂教学合二为一。"儿童研究"与教学是一件事，而不是两件事。因此，应该把"教学"叫作"教学研究"。"教学研究"的意蕴是：教师一以贯之地进行"儿童研究"；教师与学生合作研究学科与生活；教师指导学生做研究。

张华教授的两个颇有分量的学术报告，应成为我市当前及今后一个时期重要的学习指南。

一直在教学第一线的深圳明德学校程红兵校长讲的"创建有文化含量的智慧课堂"，采用正反例子对照的方式，为我们诠释了规范课堂、高效课堂和智慧课堂的基本特征和规则。我们可以和昌乐二中、锡山高中进行对照学习，研究我们自己的课堂转型问题。

（四）逐渐形成和完善我市教育内涵发展的行动体系

连续三年的校长论坛，最大的收获，就是我们没有停下思考的脚步，不断用行动构建我市教育内涵发展的行动体系。我们初步找到了一个行动框架，就是"一体两翼三评价"。"一体"，即课程教学改革。"两翼"，一是优化内部治理结构，二是建立"读书—实践—写作"教育生活方式。"三评价"，一是改进教育行政部门对学校的评价，二是改进对教师的评价，三是改进对学生的评价。

这个行动体系有五个关键要素，即课堂、课程、管理、评价、成长。连续三年，我们瞄准这五个要素，在全国范围内寻找先进理论、典型范式和成功样例，进而建构我们的工作模型。比如，文山州一中的内部治理结构，同济二附中、广文中学的学校管理和课程建设，锡山高中的年级组和教研组双轮驱动运行机制、教师成长机制，深圳明德学校的课堂和课程建设，钟启泉、张华等学者关于课程、课堂等方面的理论研究。这些，已经或正在影响着赤峰教育，对未来的影响也将是深远的。我市的一些学校，如松山蒙中、林东一中、锦山中学等，也在提炼着自己的话语，建构着自己的行动模型。

（五）对赤峰市普通高中学科建设进行了路径探寻

如何有效实施"一体两翼三评价"整体内涵发展策略，在连续三年建构这个体系的同时，我们找到了整体实践这个体系的重要抓手——学科建设。于是，我们大胆提出"加强学科建设，打造学习共同体"的想法，并通过邀请全国知名学科专家现场指导、召开研讨会等形式，对学科建设的指导思想、目标任务、基本思路、主要内容和实施策略等，进行了反复论证，最后形成工作方案。其基本思路如下。

一是行政推动，顶层设计。由教育行政部门牵头对赤峰市普通高中学科建设工作进行整体设计，协调整合各层级、各方面资源，指导赤峰市学科建设的有序实施。

二是以校为本，综合实施。学科建设好坏的关键在学校，校长是学科建设最有力的推动者。学科建设是系统工程，学校必须整体设计，综合实施。尊重基层学校在学科建设中的校本做法和首创精神。

三是专家引领，名校导航。聘请国内著名教育专家和国家课标研制组核心专家参与我市学科建设的设计和跟踪指导。引进无锡市锡山高中等名校学科建设资源，示范引领。

四是典型引路，协同发展。培育市级学科基地校及校内典型学科，进行示范引领。打破学科间、校际间壁垒，建立学科发展联盟，建立校际间学科建设交流机制。

五是把握方向，渐进行动。学科建设是学校建设的本质回归，是让老师做他本该做的事，只有效果好坏之分，没有成败之别。每个学校，每个学科，都要针对本校实际，设计好工作路径和流程，以"不怕慢"的精神，"且行且思，且破且立"。

思路确定后，接下来就是行动。论坛上，邀请了锡山高中的教师对学科建设进行了操作性指导。随后，在普通高中阶段首先确立了首席学科专家和学科基地，并于暑期邀请国家课标组核心成员对赤峰市所有新高一教师进行了分科培训和指导，培训层次之高、力度之大、效果之好，得到广大一线教师和域外专家的好评。目前学科建设启动仪式正在准备中。

三、总结好三年的论坛成果

首先，要阅读好论坛上每位学者的相关书籍。他们每个人都是一座学术高峰，是一门有待进一步学习和探究的课程。我们要通过深度阅读、持续阅读他们的重要学术著作，丰富我们的人文精神，提高我们的理论素养，主动践行2014年校长论坛上提出的"校长七条宣言"，不断走在成己成人的路上。

其次，要学习好论坛上各位优秀校长经验背后的逻辑。各位校长所处地域不同、学校文化背景不同、个人气质风格学养不同，因而形成了千姿百态的办学成果。校长们应认真挖掘这些成功经验背后的逻辑，带领班子成员和全体教师对照自身实践，深度反思，主动建构自己的概念和操作体系，逐步形成赤峰自己的教育生态和理想范式。

最后，持续推动学科建设，创造性地实践"一体两翼三评价"发展策略。学科建设，是直接指向课堂、课程和教师专业成长的建设，是"一体两翼三评价"发展体系的关键和枢纽。抓住了学科建设，会带动"一体两翼三评价"的深入实施。为此，市教育局搭建了五个支撑平台，即全国知名课程和课程标准专家指导平台、锡山高中等名校学科建设示范平台、大连现代学习科学研究院增值评价平台、中心教研组首席学科专家引领平台和校长教师成长平台。

其实，教育发展的真正希望在于基层自下而上、自内而外的主动变革。各地各校可根据实际建构和完善好自己的发展模型，以学科建设为抓手，落实好"一体两翼三评价"整体发展策略，持续推动以下五大行动：

——重建课堂教学方向，让教学变成研究；

——构建学校自己的课程体系，让每个教师成为课程领导者；

——优化学校内部治理结构，提高学校管理水平；

——建立校长、教师"读书—实践—写作"教育生活方式；

——改进和完善学校、教师、学生评价体系。

我们期待着赤峰教育的悄然变化和发展。

坚持"六项行动"，推动教育启蒙

为深入实施高中带动战略，落实普通高中 16 字工作方针中的"内涵发展"策略，持续推动"一体两翼三评价"和"六项行动"，聚焦"让教学变成研究""让每个教师变成课程创造者"等核心主题，研究即将迎来的新高考和基于核心素养的课程改革的应对策略，2016 年 6 月 19—21 日，由市教育局主办，敖汉旗教育局承办的"著名教育学者张华教授系列学术演讲活动"在敖汉旗圆满举行。

国际课程研究促进协会主席、著名教育学者张华教授全程进行了学术演讲和指导。

此次活动定位于高端学术思想引领和一线教育问题指导，从内容和形式上都做了精心设计。既有指向学生发展的听课和专家点评，也有指向教师专业成长的校本教研观摩和点评；既有专题学术报告，也有高频次和高密度的校长、教师与专家互动。在互动中，专家、校长、老师、学生，不断诞生精彩观念和积极的情感体验。

两天半的活动，张华教授分别作了"基于核心素养的课程教学改革""让学生自由探究生活"两场学术报告。其中，"基于核心素养的课程教学改革"是继 2015 年 7 月 5 日张教授在我市所讲"重建课堂教学的方向：让教学变成研究"的延续和深化，具体说来，就是 2017 年全国普通高中全部实施基于核心素养的新课标、新教材后，我们的课程教学应该怎么做。"让学生自由探究生活"也是在 2015 年讲题"让每个教师成为课程领导者"基础上，聚焦综合实践活动课程，回答如何构建生活课程，如何实现让生活课程与学科课程并进，走向生活实践和学科实践。这同时为普通高中如何实现"优质、特色、多样化发展"提供了新的视角和实践框架。

两天半的活动，我听了由箭桥中学甄永超老师执教的化学课和新惠中学王亚芬老师执教的语文课，新惠六中数学组呈现了一段学科备课组教研活动。张华教授分别进行了散点式点评和主题式引领，在分析我国课堂教学现状的基础上，对我市的做法给予了一定肯定，提出未来的改进建议，并和老师们进行了深度互动。会场内掌声不断，高潮迭起。

两天半的活动，张华教授还走访了两所学校并和敖汉旗三所高中校长、班子成员和部分骨干教师进行了对话，解答了学校课程教学中的一些疑难和困惑。张教授肯定了我市普通高中的"六项行动"，鼓励我们要坚持做下去，并爽快答应帮助做好指导和服务。对新惠中学曲向春校长、箭桥中学刘广军校长能够把学校发展聚焦到课程教学改革层面，张教授认为，在这个经济欠发达地区实属意外。在新惠六中走访时，张华教授看到王中华校长所读过的书及一些老师的阅读书单，如张华的《研究性教学论》、钟启泉的《课程的逻辑》、佐藤学的《静悄悄的革命》等，深表惊讶和赞叹。他说："上海的校长们也很少有人读这样的专业书啊！"

我们深知，我们的很多理念和想法，尚停留在口头提倡上，还需要在实践层面认真研究探索。总结张华教授两天半的全程指导，给我市教育者诸多的启示和思考。

1. 抓住了"六项行动"，就抓住了实现教育现代化的核心。教育现代化的核心是什么呢？其核心就是走向教育民主，走向教育启蒙，就是让老师、学生获得解放，成为自己的主人。如何实现？其核心就是让教学变成研究。我们的"六项行动"的第一项就是"课堂要由传递性教学向研究性教学转变"，其他五项是支撑第一项的。我们必须持之以恒地予以推进。

2. 应对基于核心素养的课程教学迫在眉睫。2017 年秋季所有普通高中将使用基于核心素养的新课标、新教材，高考也将随之改变。我市如何做好思想理念和行动上的准备，张华教授在"基于核心素养的课程教学改革"的演讲中，提出的六个主张值得我们深思并努力转化为具体行动。这六个主张分别是：始终坚守教育民主；始终倡导生活探究课程；始终倡导学科探究教学；始终促进教师的专业发展与自由发展；始终研究、尊重学生的学科思想并促进其发展；结合学科特点，关注信息技术背景下的教学特点。

3. 实现普通高中优质、特色、多样化发展，必须构建好每个学校自己的课程体系，必须上好综合实践活动课。学校，只有实现让生活课程与学科课程并进，走向生活实践和学科实践，才可能实现学校发展的整体转型。优质、特色、多样化，这些"元素"，只能通过多样化课程来实现。越是二类高中，越是高考薄弱的地区和学校，越应该加强此方面的工作。另外，学科走向实践，走向探究，以学科观念、学科主题或学科单元来设计学习过程，将改变传统 45 分钟课时的限制。

4. 教师，需要在实践中成长；学校，需要在行动中进步。研究性教学，意味着教师在研究学生中，在与学生合作研究中，在帮助学生做研究中，同时实现着教师自己的专业成长。这一理念告诉我们，教学，没有固定的"规律"，更没有具体的、一告诉就会操作、就会实现优质课堂的"教学技术"或"说明书"。幻想着听几次报告就能解决实践问题是不可能的。支撑你成为好教师的，只能是在长期的读书、实践(研究学生，与学生合作研究，帮助学生做研究)、写作(反思)中所形成的"暗功夫"。

5. 把校本教研变成学校发展的重心和工作常态。这是实现学校内涵发展的重要或唯一的有效途径。本次活动各阶段安排设计，无不体现这一工作重心。

6. 邀请专家，把"六项行动"梳理成课题，选择部分实验学校和教师，开展规范的行动研究。在日常教育实践中，校长、老师要有不断反思的意识和强烈的问题意识，并能够把问题转化为课题，提出假设，开展持续的行动研究。专家们为什么在教育研究的道路上走得那么远？我们和专家的根本差距就在这里。

7. 学习理论，阅读教育经典。必须改变拒斥理论的态度，逐步走进教育经典，走近陶行知、张华，走近杜威、佐藤学、苏霍姆林斯基。唯此，才能有效提高我们的反思能力和行动改进能力。

此次学术活动，将在一定范围内，重新开启我市教育的新时代。我们期望赤峰教育的变化是：

让教学走向探究；

让每个老师变成课程创造者；

让课程走向生活实践与学科实践的融合；

让学生过上自由探究的幸福生活；

让老师过上研究性教学的幸福生活；

让管理变成帮助教师和学生成长的手段。

解放与创造——走向"读书—实践—写作"的教育生活方式

前不久，我国著名的课程论学者张华教授在上海学习共同体峰会上鲜明地提出：教育的第一目的，是培养负责任的创造者。第一次听到如此的表达，可谓振聋发聩。这意味着，我们培养的每一个学生，都应该是创造者。也意味着，人生的每一个阶段都是创造者。进而言之，人应该是创造性的存在。这个提法，是不是太高了？能被大多数人接受吗？仔细想来，这正揭示了教育的本质所在，尤其是在人工智能时代。早在2010年华东师范大学出版社出版的张华教授《研究性教学论》一书第八章"'倾听'教育学"中就提出："唯有创造者才是民主主义时代的理想人格形象"，并进而指出，"创造者就是有'实验精神'的人"。[①] 教育即生长，即让每个人生长成为他自己。每个生命的存在，都是独一无二的。教学的过程，本质上是师生合作创造自己的思想、诞生自己的精彩观念的过程。每个人的独特性，表现在思想观念的独特性上。诚如达克沃斯所言："智力的核心是人精彩观念的诞生。"这样的教育，学习者必然不是被灌输、被压抑的状态，必然是自主、合作、探究的解放状态，必然是不断遵循和诞生自己精彩观念的过程。

若要解放学生，先要解放老师。现实的教育中，我们的老师是解放的状态吗？什么是解放？这里试着从几个角度深究一下"解放"的意思。

---

① 张华：《研究性教学论》，119页，上海，华东师范大学出版社，2010。

解放，就是不断对生命、对教育真相的寻求和对妄念、妄相、妄动的"降服"，就是不断在知、意、情等方面与真、善、美的相遇和对话，实现个人的精神成长。

解放，就是由听话、顺从、接受、封闭，走向批判、质疑、沟通、合作和创造，实现心灵的开放和自由。

解放，就是把本来就有的探究、建造、表现、交往等本能释放出来。

解放，就是解脱放下，就是解下、脱掉外在的与内在的不必要的枷锁和负担，把心安放在当下，不急不躁，不惊不怖，实现心灵的宁静和自由。

解放，就是由错把那个未来的、有形的外在目标当作目的，错把手段当作目的，错把手段与目的分离，实现当下即目的、过程即目的，目的与手段合一。

解放，就是能够站在人生的全景和生命的整体反观自己的生命状态，能够走出学科、走出教育，走向文化整体，走向生命的连续性成长。

上述的理解，仅是个人的主观感悟，而非科学的概念界定。但需要肯定的是，所有好的教育、好的哲学、好的艺术、好的生活，无不是让人解放的。

如何走向解放的教育？就是引导老师们把培养负责任的创造者当作教育的目的和过程，就是让每一个老师成为教育创造者和不断成长的人，就是让每一节课、每一个活动变成师生的协同研究和知识创造。

具体而言，就是引导老师们走向"读书—实践—写作"三位一体的创造性教育生活方式。其中，实践是核心，读书、写作是两翼。

实践这一哲学概念，本质上是教师在实践教育中做自己，创造自己。实践不同于灌输式的传递性教学，意味着教学是创造性活动，意味着"让教学变成协同研究""让教师和学生成为课程创造者""让课堂和学校成为学习共同体"。其中，"让教学变成协同研究"，包括教师自己研究学科与生活，帮助学生协同研究，还包括研究学生。如何研究？倾听。倾听学生的理解，在倾听学生的理解中理解学生并促进学生理解。

教师教学这种创造性活动，不仅要走向"倾听"，教研实践也要由"观摩—评价—建议"的听评课范式，走向"观察—描述—反思—改进"的课例研究范式。实践的教师，即解放的教师、创造的教师、解放学生同时解放自己的教师、创造课堂同时创造自己的教师。这才是"实践"的哲学本意。现实中，教师之所以会产生职业倦怠，其重要原因之一就是工作还没有回归到教学作为"创造"的本质上来。

读书，本质上是与他人的对话，在对话中不断产生自己的理解、不断创造自己。阅读经典，就是与大师对话。这是让教师不断成长的重要渠道，也是让教师比学生更爱学习、更"受教"的重要体现。根据教师的素养结构，要读好三类书。一是学科类，指向教师的学科素养。经济欠发达地区教师的入职门槛较低，很多教师的学科素养较差，无法达到对学科的深入理解，难以落实学科核心素养。这是教师素养结构中最大的"硬伤"。没有深厚的学科素养，仅靠所谓的"教育技术和方法"是无法成为好老师的。二是教育类，指向教师的教学论和课程论素养，指向对儿童的理解。这是多数教师更为欠缺的理论素养和实践技能。因为缺少对儿童的倾听和理解，常年固守"教的逻辑"，而不顾儿童的心理逻辑和生活经验。因为缺少对课程、教学本质的理解，常年固守课时教学流程、教学环节的单边设计，而不考虑课程是教师、学生、学科、生活的互动和关系建构，不考虑课程是基于完整真实的生活情境的单元（或主题）设计教学。因为不知道学习的过程本质上是问题解决的过程，常年固守精确目标的达成和标准答案的传递和掌握，而省略了问题解决和探究生成，泯灭了学习的创造性，造成虚假学习和浅表学习。三是人文类，指向教师的人文素养和人文精神。教师作为培养人的"人"，立人首在立己，需要以文史哲为主要"养料"来滋养自己的精神。尤其是哲学，教师应该读一点儿相关的书，加强此方面的修养，提高自己对生命、对人生、对教育、对存在、对真善美和人的问题进行追问、反思和觉醒的能力。读书的教师，在不断与他人的对话中，越来越知道自己的"无知"，越来越谦卑，越来越体悟到学习的本质和不断成长的内在愉悦，于是不断敞开自己、解放自己，不断把自己的学习经历和体验迁移到课堂里。

写作，本质上是与自我对话，是思维的"笔算"，只有这种"笔算"，才能保证思维的长度和宽度。写作是用文字为自己、为教育"命名",是基于个人和同伴的实践和阅读持续与自我进行对话和建构自我的过程,是对自己精彩观念和独特思想的记录和整理,是对个人自传的记录。波斯纳说,成长等于经验加反思。现实中,中小学、幼儿园教师之所以成长缓慢,主要原因就是忙于事务性工作而忽略了持续的、深度的个人反思,即写作。

因此,教师实现解放,应该把教学变成实践创造,并以阅读和写作两翼相佐之,实现三位一体的有机互动,使自己不断以创造者的姿态去培养负责任的创造者。

为此,还要引导教师恢复"三个追问"、追求"三个打通"和实践"三个建构"。

恢复"三个追问",即恢复建立每个教师对生命价值的不断追问;恢复建立每个教师对教育价值的不断追问;恢复建立每个教师对课程、教学、学习、学科等元问题的不断追问。这些问题,值得每个教师以实践的方式终生去追问。

追求"三个打通",即打通工作与生活的界限,过完整的教育生活;打通学科与跨学科的界限,过完整的专业生活;打通工作与退休的界限,过完整的精神生活。生活,原本就是整体的。解放的、创造的教师,就是建构整体生活的关系和意义。

实践三个建构,即不断建构、提炼自己的教育哲学、工作模型和实践策略。是否拥有自己的教育哲学,这是一个关键问题,这标志着教师是否拥有自己的主见和独立思考。哪怕你的教育哲学和教学主张最初是不恰当的,但只要有,就会在实践和理性思考中,在与别人的对话中,不断修正、丰满和完善。

美国的约翰·杜威,巴西的保罗·弗莱雷,日本的佐藤学,无不是解放教育的倡导者和力行者。我国张华教授倡导的"让教学变成研究",陈静静博士倡导的"学习共同体实践"无疑是走向师生解放的创造教育。他们的教育思想、行动方略,值得我们认真研究和实践。

让真实的学习和成长发生——对箭桥中学内涵发展的透视与思考

作为教育者，我常常思考如下问题：

为什么很多甚至大部分孩子不愿意上学？

为什么绝大部分人随着学校生活的结束，学习也就基本终止了？

为什么家长、老师常常把孩子的成绩下降或厌学，归因为态度问题，甚至道德问题？这样归因对吗？

孩子的"四大本能"是什么时候开始衰减甚至消失的？为什么？

为什么很多老师既厌教，又厌学？

带着对这些问题的求解，对学校教育转型的向往，对"二类高中"如何走出自己发展之路的探寻，2018 年 10 月 22 日，教育局对敖汉旗箭桥中学进行了调研。

几年来，箭桥中学作为"二类高中"，面对生源"一般"的境况，大力实施教育局提出的"一体两翼三评价"发展策略，一直追求学校内涵发展，努力保障每个孩子的学习权，不断探索学校转型发展之路。在调研中，箭桥中学通过三个建设项目的介绍，向我们展示了其优质特色和多样化发展之路。三个项目，一是学科课程开发，二是学生自主化管理，三是社团活动建设。三者分别从课程、管理、学生成长三个维度，既分别又统一地切入了学校的转型发展之路。下面试对三个项目略作分析。

项目一：全力推进课程开发

箭桥中学的课程研发既有学科类，又有德育类、生活类等。课程开发实行申请、立项、研发、鉴评四环节的项目化管理模式，初步构建出富有箭桥特色的"1＋N"课程体系。学科课程主要以学例案的研发为载体进行国家课程的校本化改造。学例案，箭桥人解释为"学习经历的方案"，就是把原来的教案，改造为设计学生学习活动及其经历的方案。这是一个了不起的翻转，这是把原来以教师教的逻辑为中心，翻转为以学生学习为中心，把原来的计划式、控制式教学，翻转为基于情境、基于问题的合作探究和问题解决式的教学。教师们在课程开发中，初步实现了观念的转变，也带来了课堂上的一些新气象。目前这是在设计层面的理想追求，多个学科的学例案已编印成册。

我们提到课程教学，首先是教学设计，其次是课堂实施和评价。但在观课中，在与老师们的座谈中，我们还是看到了课堂上生成的不足，对问题的深度探究、同伴之间的倾听对话做得还不够。

我们期望，箭桥中学在未来的日子里，继续抓住课程开发这个项目，把问题的焦点指向课堂，以课堂改造为中心，追求课程与教学的融合，不断翻转课堂，不断创生课程，追求"让教学变成研究"的教学新范式，追求"让每个老师成为课程创生者"的育人新模式，使课堂不断走向活动式、协同式、反思式的研究性教学，使学生的真实学习、深度学习持续发生，天天生活在爱、探究、体验、交往和创造之中。试想，倘若学校把爱的能力和探究精神的培养作为学校的核心育人目标落实在每一节课中，落实在每一个教育细节中，每个学生天天在爱和探究的环境里生活、成长，三年的高中生活后，还用愁孩子的高考问题吗？还用愁孩子的未来就业问题吗？还用愁学校的社会声誉和高考排名吗？

《中庸》说：天命之谓性，率性之谓道，修道之谓教。杜威进一步指出儿童有四大本能：探究本能、建造本能、交往本能、表现本能。我们倡导"让教学变成研究"，即把教学的过程，变成师生合作进行探究和问题解决的过程，这无非是对人性和本能的顺应、保护和激发。但我们却要以革命式的决心和勇气来革除传统之弊，可见改革阻力之大。

项目二：深入推进学生自主管理

真正的管理是自我管理。箭桥人悟透了这个道理，果断摒弃"保姆式""警察式"的管理模式，翻转为以"互信"和尊重为前提，以"立责"和自律为核心，以班级和学校生活为平台，不断为学生创造自主管理的环境和空间，学生的主人意识、自律意识和人性尊严大为提高。

　　箭桥中学推进学生自主管理，这是由控制人、压抑人的管理向尊重人、引导人、解放人的治理的重大转变。自主管理，意味着任何学生的成长老师是不能代替的，意味着学校必须给孩子提供有利于成长的环境，意味着每个人都是他人的环境，自主管理成了全体人员自由成长的条件。解放，这是对人性的尊重，对生命成长潜能和创造力的最大释放。追求自主管理、自主选择、主动成长，学生必然会走向既自律又自由的有尊严的精神世界。

　　刘广军校长在向我们介绍时说，学校在班级管理中，在所有的节、季、月、日活动，社团活动，主题教育专题活动中，都要让学生以主人身份深度参与组织和管理。学生以学校主人的身份自愿地为学生摆放自行车，晚自习后自主地关灯、关窗、关水龙头、关楼门等。同时，学校把各个教学楼的卫生、纪律也交由学生打扫和管理。活动中，培养了学生的领导能力、协作能力、应急能力、自我管控能力，提高了学生的吃苦意识、担当意识、公平公正意识、合作意识，找到了成长的快乐、成功的感觉，实现了自我发展。

　　我们所看到的新高一间操课，完全由学生组织进行，井然有序。据介绍，目前学生在就餐、住宿、自习等各方面基本实现自主管理。我突然想到，为什么老师们天天讲课忙、批改作业忙、管理学生忙，学生天天听课累、做题累、考试累，教学效果反而不好？我们忙得忘记了反思我们创造的生活是不是对的、善的、好的。这让我们更加深了对"教育即生活"的深刻理解，学生的生活错了，教师的生活能对吗？管理者的生活又如何呢？人，只有在真实的生活中做真实的事，才会在创造生活中不断成长，创造自己。

　　项目三：大力推动学生社团建设

　　箭桥中学以社团活动建设，为不同学生的个性化发展提供多样的机会，为学业成绩不理想的学生搭建展示生命价值的舞台，激发他们的生活激情，提振他们的人生信心，让学生在社团活动中学会学习、学会做事、学会做人、学会合作，逐步学会自主管理、自我教育、自我评价，逐步形成广泛的兴趣，以及不同于别人的特长。据介绍，全校平均每个班级有30％的学生参加了自己喜欢的社团。

本质上，社团建设也是"教育即生活"的延伸，让多元的生活适合更多孩子的发展。学校为我们提供了几项学生特长展示：演话剧、说评书、弹古筝、跳蒙古舞、主持秀，这就是在过艺术的生活。舞台上，孩子们的演技虽然略显稚嫩，但丝毫掩饰不住青春的活力和尽情表达自我的创意。此刻，每个人都是艺术家。我们似乎看到了他们未来走向社会创造的身影。

在社团建设上，学校费尽心思，造场地，聘导师，选器材。衷心期望箭桥中学在未来的日子里，不断优化资源，不断打造各社团的专业高度，使社团种类更加丰富多样，使更多的学生和老师参与其中。

统观箭桥中学三个项目的实施，课程开发，指向以学生学习为中心；自主管理，指向以学生的生活为中心；社团建设，指向以学生的个性为中心。顺应人性，把人当人，是他们对教育起点的基本判断；发展人，成就人，是他们的终极追求；在真实的生活中做真事，在真实的情境中解决真实的问题，是他们追求的方法论。

当然，箭桥人刚刚走上做真教育的道路，如何真的坚持下去，如何化解文章开头所提出的问题，教育者必须拥有对生命的敬畏心，任何学生的生命都具有独一无二的神圣性和创造潜能，必须拥有对生命全程负责的职业良心，必须拥有"知己知人，成己成人"的人文精神。没有这个前提，一切教育行为都将沦为短视、功利和技术。

学校，一个让真实的学习真实发生的地方。

建构课程，成长教师，发展儿童

2018年年初，市教育局启动了"两名两优"评选活动，研制了体现专业性和导向性的评估办法和标准。活动聚焦园长、教师、课程、教研组四个方面。为什么开启这项活动并聚焦这四个方面？旨在引导基层教育行政部门提高学前教育的质量意识，提升内涵发展的领导能力和专业指导力量；旨在以课程建设为核心，促进幼儿园走向深度内涵发展，保证每个儿童学习和发展的权利；旨在以提升园长课程领导力为前提，把教师成长与课程建设当作一件事，不断引领教师在课程建设中走向专业成长，实现课程与教师共生共长；旨在突破优秀教师成长的高原现象，为优秀教师开启新的专业发展空间，引导教师从优秀走向卓越；旨在让园本教研成为管理的主旋律，让幼儿园成为园长、教师、儿童、家长之间相互学习的学习共同体；旨在通过发现各层面、各类别的典型，以此撬动幼儿园内涵发展的深入实施。

金秋九月，正是收获的季节，市教育局组成评估组深入赤峰市各地幼儿园对申报的市级名园长、名教师，优质课程、优秀教研组进行了评选认定。评估组突破传统评估模式，深入儿童活动现场，直面问题，采取观察、倾听、对话、协商、访谈等形式，把评选的过程，变成教育行政部门和园长、老师进行专业对话的过程，变成教育行政部门、学校和教师形成学习共同体的过程。把评选过程变成帮助教师进行经验整理、行动改进、学术提炼、成果传播的过程。力图改变评选就是认定的"结束"，转化为评选是帮助教师不断实现成长的"开始"。

历时一个月的评估，评估组欣喜地看到了赤峰市学前教育内涵发展的艰苦探索和丰硕成果。回想评估过程，那些孩子们自由探索的生动场景，那些教师集体教研的对话反思，那些课程建设的不同路径，那些讲述自己专业成长的园长和教师们飞扬的神采，一切都历历在目。难怪有人戏说，幼儿园才像真教育啊！

一、赤峰市学前教育内涵发展成效显著，但区域之间不均衡

总体上看，赤峰市学前教育内涵发展整体有高度，区域有典型，建设有节奏，但区域间、城区与苏木乡镇和村间，发展还很不均衡。

红山区、阿鲁科尔沁旗区域内涵发展最为突出，堪为赤峰市区域内涵发展的典范。巴林右旗、翁牛特旗虽然起步较晚，但已走向课程建设之路。松山区近几年公办资源迅速增加。红山区作为中心城区，确实有着较为丰厚的历史积淀，在鲜明的问题意识导引下，持续推动全区学前教育的内涵发展，有方向，有策略，有举措。

阿鲁科尔沁旗地处偏远，但学前教育起步早、发展快，数量与质量协调发展，在赤峰市旗县教育里可谓一枝独秀。一是由有数量大步迈向有质量。在以公办学前教育为主体，实现高普及的基础上，迈向了追求保障每个孩子学习与发展的有质量的教育。二是课程建设成为幼儿园运行的主旋律。所见幼儿园，无不体现鲜明的课程意识、较强的课程设计能力、不断探索的课程实施能力。三是一支高素质的幼儿园园长队伍在持续成长。园长、副园长、保教主任、骨干教师形成专业梯队，不断整体走向课程深处。四是优美的、动态的、生态化的园所环境初步形成。全旗各园既相互借鉴，又各美其美。阿旗学前教育获得如此发展，原因当然是多方面的。其中一个重要原因，就是教育行政部门成立了专门的幼教机构，多年来由专业人员对全旗学前教育的内涵发展进行顶层设计，专业推进。

与阿鲁科尔沁旗形成鲜明对照的是，部分旗县区缺少专业化的领导组织，区域内各幼儿园几乎处于自然生长状态，导致整个区域专业水平集体矮化。由于幼儿园没有"考试"等质量抓手，行政部门对幼儿园到底办得如何，是否规范专业，小学化倾向是否严重，没有人去专业观察、去发现问题，学前教育质量问题在一个大的区域内常常处于遮蔽状态。在克什克腾旗的评估反馈中，于福奎局长当即表态先从教育局的行政层面解决此问题。

因此，在快速发展公办园和普惠园的同时，建议旗县区教育行政部门要加大区域学前教育的专业化领导，配备专业人员，提高专业领导的自主权，做好区域内涵发展的顶层设计和持续的专业引领。

二、赤峰市学前教育课程建设成果突出，但区域间、园所间差距较大

尽管 2001 年教育部出台了《基础教育课程改革纲要》《幼儿园教育指导纲要》，2012 年又出台了《3—6 岁儿童学习与发展指南》，基础教育课程改革运动频频发力；尽管很多人不断口里说着、材料里写着"课程"这个词，但课程，还仍然被很多人误解为可传递的、固定的、静态的学科或教学内容。可喜的是，赤峰幼教人中有一批先行者，甚至是区域整

体，正走上课程的专业建设之路。

从赤峰市课程建设的纵向历程看，幼儿园课程不断经验化、体系化、结构化、游戏化。在了解幼儿园近年来的课程进程，在与幼儿园的交流和互动中，我们鲜明地感到，那些出色的幼儿园，如红山区五幼、七幼等，如市实验幼儿园、市直属机关幼儿园，阿旗蒙幼，左旗二幼，翁旗乌敦套海幼儿园，等等，课程真的是一步一步、一年一年、一个台阶一个台阶地建构、生长出来的。

一是从贴标签式的虚假文化，走向体现园本个性的教育哲学实践。

这是一个了不起的进步。园本教育哲学的提出，体现了幼儿园拥有了自己的灵魂和生命、个性和气质，拥有了育人取向和价值追求，体现了幼儿园的领导首先是教育思想的领导。红山区第七幼儿园提出基于"关注生活、敬重文化、倡导行动、鼓励表现、力求整合"的课程理念，提出并实践了幸福教育哲学，即缔造和保护幼儿当下的幸福，奠基和培养幼儿追求幸福的能力素质。巴林左旗直属第二幼儿园突出"生态、生长、生活"的教育哲学，构建"环境生态、教育生态、人文生态"相互融合的幼儿园生态游戏课程。红山区六一幼儿园提出并践行"以爱为本，以学为乐"的发展理念，构建了"快乐与发展"园本课程，用行动诠释了"快乐"与"发展"的深层内涵。

上述这些思想理念的提出，一改往昔的赶时髦、贴标签、说空话，是实实在在基于园本特点而"生长"出来的，因而也具有了强大的生命力，发展了儿童，成就了老师。

二是从机械地引进、模仿，走向立足园本，创生自己的课程体系。

当幼儿园有了自己的教育哲学和价值追求，当幼儿园园长带领队伍渴望实现教育理想之时，她们开始静下心来，在行动中反思自己，反思自己的问题在哪里，课程"在哪里"，现有的资源和条件是什么。于是，立足园本，千方百计挑战自我，千方百计挖掘、拓展课程资源，不断用先进的思想和智慧创生、丰富、完善园本的课程体系。一批条件较好的幼儿园，如赤峰实验幼儿园的"自然本真"课程，六一幼儿园的"五自主"课程，红山区三幼的"生命"课程，红山区五幼的"阳光下的小豆豆"课程，都是近几年不断创造出来的，都形成了相对稳定的课程图谱。尤其是阿旗天山蒙古族幼儿园的课程建设，立足于本民族特点和幼儿独特的生活经验，构建了"查布嘎儿童蒙古族生长力课程"，以蒙古族部落营的形式呈现。"部落营"是一个全园教育资源共享的、开放式的教育环境，把教室、功能室作为儿童的实习场和创作区，创建了20个。每个部落营都有自己的特色，投放上千种学习材料，每天面向全园幼儿开放，幼儿按混龄走班的方式，可以选不同的部落营自由活动，在动手操作和亲身体验中获得各种学习经验，让个性和潜能自由发挥。

园本化课程图谱的形成，标志着赤峰市幼儿课程建设走向了前所未有的新高度。基于课程图谱的实践创生，标志着幼儿园教育走向了专业发展、生命创造的新境界。

三是从为环境而环境，为活动而活动，为游戏而游戏，走向思考，寻找教育行为背后的育人价值和理念支撑。

从《纲要》到《指南》，从陶行知、陈鹤琴、张雪门到蒙台梭利、杜威的经典理论，成了赤峰幼教人教育思想的源头活水和课程建构的理论依据。从国内有影响力的虞永平、张博、霍立岩等一批顶尖学者的思想和实践到意大利瑞吉欧教育模式、芬兰项目课程、美国高瞻课程等一批在全世界范围内有影响的经典思想和案例，已经被我市逐步引入并正在发生着深刻的影响。市教育局对此不断进行思想引领和实践指导。市直属机关幼儿园探索实施了"让课程回归幼儿生活本真"的项目课程建设，即是一个重要的成果。他们在实践中充分认识到项目课程的育人价值，引导幼儿对周边生活环境中感兴趣的、值得学习的事件或现象进行长期、广泛、深入、主动地探究，形成了一系列的项目"课程群"。项目课程的实施，一是丰富了幼儿园的课程构架，实现课程园本化。二是提高了教师的课程研究、开发和实践能力。三是实现了幼儿从原有水平向更高水平发展。

四是从传统、静态的分科课程，走向探究和体验的五大领域融合课程。

眼里有完整的儿童，才会有完整的课程。红山区五幼敢于破除传统分科课程，以五大领域为整体，不断基于真实的实践和观察，向建构基础的融合课程迈进。课程建设的过程，同步带来了教师的专业化发展。

继而在基础课程建构中一步一步创生出属于自己的园本课程——"阳光下的小豆豆"：从社会领域的自主活动到各大领域的探索活动，从传统教研到名师工作室带动各领域专业化教研，从零散的班级自主活动到全园层级的系统课程活动，从教师主导到尽可能实现幼儿自主活动。通过引导孩子们"做中学""生活中学""项目中学"，初步实现了学生的个性化发展。

五是从国家规定的领域课程，走向基于自身问题的园本课程建设。

市政府机关幼儿园针对新生入园过度焦虑的问题，以课题的形式研发了"家园互动有效缓解幼儿入园焦虑活动课程"，实现了课程建设的过程，就是问题解决的过程，就是教师专业成长的过程，就是提高育儿质量的过程。

六是从只有城区幼儿园的"高大上"，走向乡村幼儿园的经典创造。

从乡镇中心园课程建设看，总体虽不乐观，但也涌现出典型代表，甚至要远远超过很多城区幼儿园。翁牛特旗乌敦套海中心幼儿园即是其中一个。他们秉持"教育，是有准备的环境"的教育理念，立足农村及周边自然环境，短短两年，就在一片荒芜的土地上，以田园课程为载体，奇迹般地创造出了带有浓郁乡村特色的"童话世界"，让参观者叹为观止。乌敦套海幼教人认为，田园课程的主要载体就是孩子的生活和自然资源，一株草、一枝花、一抔土都是孩子们观察学习的对象。她们充分利用了园所内外的自然环境，精心打造室内各区域和户外主题创意空间，如沙世界、水空间、迷部落、廊天堂、泥乐坊、农味角、涂鸦墙、五彩路、农耕圃、花草苑、拾趣坡、野草园、嬉戏场、搭建村等，园内、园外满眼都是自然的元素，孩子们可以在任何一个角落进行观察，发现自然的奥秘，田园活动变得更加机动、灵活和随意。一个个田园主题在教师和幼儿的互动与共同学习中生成。张玉芹园长在汇报中说：我们追随孩子的生活、兴趣、需求，以二十四节气为纬，以中国优秀的传统文化、本土资源、天文地理等为经，构建课程框架。围绕主题，以游戏活动、生活活动、项目活动、集体活动四种组织形式贯穿于幼儿一日生活，呈现在室内活动中心和户外创意空间中。她们在活动中，为幼儿创设支持性的活动空间，倡导主动参与式学习，注重孩子的现有水平、经验的积累与提升，实现了孩子在做中学、玩中学、生活中学、游戏中学。

三、教师成长不断走向研究，但对儿童的观察、倾听和研究还远远不够

教师成长与课程建设是园所发展中的"一体两面"。课程建设的"辉煌"成就，必然伴生教师的专业成长。难怪万晓燕园长说："我们的教师在课程建设中成长得太快了！"在评估中发现，教师们的成长体现以下几个特点。

一是热爱幼儿教育、喜欢孩子，是所有名师的共同特点。

没有爱就没有教育。没有爱，一切教育方法和所谓技术都是苍白的。这句最常识的语言，谁都知道，却难以做到。赤峰市幼儿园老师是做得较为出色的一个教师群体。所申报的名教师，如阿旗新浩特蒙古族幼儿园的苏雅拉老师，红山区六一幼儿园的王天歌老师，红山区六幼的刘园园老师，等等，她们的共同特点，无不体现对幼教之爱，对儿童的喜欢、尊重和耐心，对工作具有极强的责任心和奉献意识。乌敦套海幼儿园的一个老师，为完成课程建设，加班加点，孩子正在哺乳期，请婆婆来园里帮助照顾。如此敬业的老师让人敬佩。这样的故事，在赤峰幼教界还有很多很多。

二是立足一线，扎根实践，安安静静做教育。

幼教战线上有那么一批科班出身，素质高，基础好，业务精，不谋利，人已到中年，却依然奋斗在一线上的教师。市政府幼儿园赵慧冬老师便是其中的一位。

在检查中问赵老师为什么能坚持在教学一线，她一语道破了真相："要想读懂幼儿，探寻童年的秘密，就要站在离孩子最近的地方，只有每天跟孩子摸爬滚打在一起，才能够充分了解他们，发现教育的本质和真相。"赵老师在她工作的 30 年中，刚好完整经历了学前教育三次大的变革，第一次从分科教学到五大领域，以及新《纲要》在全国的推广，她见证了学前教育第一次领域化和系统化，这使得"对幼儿园每天实施的教育行为，是否真正有意义"一直抱有怀疑的她，似乎看见了光亮，于

是赵老师在北京参加完五大领域培训后，回园首次创建了简易的区角，虽然那个时候对区角活动缺乏深刻的理解，但她第一次看见了幼儿自主活动的发生，在实践中，她撰写了多篇论文，如《在感受体验中发展幼儿同伴间交往能力的教育策略》等获得市级和自治区级的一等奖，并在省级教育期刊发表。第二次变革是多元智能与活动整合课程的研究，从那个时候起，她开始带孩子们就某个主题，择点深入，开展类似于专题式的探索性活动，这促使她一步步向专家型教师迈进。她做的课程实录《设计邮箱》获得 DIC 国际合作项目多元智能研讨会第四次年会一等奖。第三次变革是区域活动与个别化学习方式的出现，这一次重提区域活动，已经被时代赋予了新的使命，即区域活动要跟集体活动一起，形成两条腿走路，共同保障学习目标的达成，同时高宽课程等西方教育模式开始被追捧和采用，但经过岁月的磨砺她清醒地意识到，学前教育的每一次变革，从来不是学前教育内部的自娱自乐，都是随着国家和时代发展的脚步在进行着不断地调试。对此，她深情地说："我们是帮助幼苗扎根的一个群体，我们在一定程度上决定着这些幼苗未来枝叶生长的方向。"

这几年，她在尝试中国文化教育，尝试中国戏曲的传承在幼儿园活动中的渗透，让孩子们学习自己的文化，不忘自己的传统，不断挖掘社会资源，带领孩子们尝试社会实践活动，这些举措深受家长的拥护和好评。

三是"让教学活动变成研究"在实践中有了萌芽和生长。

令人欣喜的是，在很多园长、老师们的眼里，儿童、课程、经验，都成了专有名词，他们在行动中不断走向专业理解和实践创造，不断走向倾听儿童、理解儿童、研究儿童。红山区二幼"立足观察，引导教研"的做法，开启了观察儿童、研究儿童的行动研究。阿旗直属机关三幼王艳茹注重区域活动设计，注重材料投放的丰富性、层次性、操作性、趣味性和安全卫生性。她说："在区域活动中，我是一个组织者、参与者、观察者和反思者。"评估中，王老师还提供了包括教案类、反思类、故事类、教育随笔类、论文类的《个人材料文集》，全面详实地呈现了个人成长与专业发展轨迹。

在对几乎所有幼儿园、教师的评估中，对儿童观察、倾听、研究的缺失，是教师成长和课程建设最重要的"软肋"。这里再举阿旗直属机关幼儿园的王艳茹老师一节"搭纸牌游戏"活动课的例子。孩子们在用一张纸牌、多张纸牌进行搭建，我仔细观察孩子们的表现，发现孩子们的差异是明显的，女孩表现尤为突出，有几个孩子能搭建出结构复杂、造型奇特、高耸美观的"建筑"，也有几个孩子只是简单地把纸牌折一下，没有形成结构，表现得精神散漫、毫无兴趣。观察着孩子，我在思考，在学习的起点上，孩子们就表现得如此不同，我们老师该如何对待这些问题？这正是老师们基于儿童观察的专业发展起点。

四、管理不断走向课程领导

我们所看到的很多幼儿园，如阿旗直属第一幼儿园、第二幼儿园、天山蒙古族幼儿园，等等，无不在追求高等级的体现和支撑儿童发展的生态环境、课程体系、教师成长，以各种作品和图片记录等形式，不断展示和引导儿童的发展成就。

管理的背后是园长的课程领导力，在对申报名园长的评估中，我们看到了一批代表赤峰学前教育高度的优秀园长在快速成长。

五、存在的几个问题

一是行政部门高度重视幼儿园园舍等硬件建设，所查看的幼儿园绝大部分园舍等硬件过关，有的甚至很豪华，但是对质量问题没有同步思考和行动，不少地区质量问题处于遮蔽状态，行政与专业分离，管理与教研分离。建议发展学前教育应坚持数量与质量并重，实现同步发展。

二是园长、教师的专业化水平偏低。一些旗县区整个区域缺少体现专业高度的园长和幼儿园。很多农村幼儿园校长兼园长，基本不懂幼儿教育，小学化严重。绝大部分乡镇中心幼儿园缺少行政和专业的独立性，不少教师几乎没有专业背景。个别幼儿园尚处在看孩子、哄孩子的状态。

三是缺少课程意识。课程材料的丰富程度远远不够，一方面受制于经济条件，这主要体现在乡镇中心园；一方面没有"就地取材"的意识和能力，没有从广阔的大自然和社会环境中获取课程资源。

四是缺少对教育大观念的把握和理解。什么是课程，幼儿园课程建设到底存在什么问题，教师专业化成长的瓶颈到底在哪里，园本教研到底基于什么问题开展研究以及是否在真研究，这些，都缺少反思，缺少专业的理论支撑和专业的实践引领。

五是教学方式落后。以控制为主的育人方式亟须转型，这在集体教学中表现得尤为突出，"让教学变成研究"的目标还远没有达到。理解儿童，研究儿童，对儿童的观察、倾听、记录、反思等还没有形成常态。

必须坚守的经验

反思近年来基础教育的工作实践，有以下 11 条经验需要我们坚守。

1. 必须坚守办"育"人、"成人"的真教育，以学习共同体"公共、民主、卓越"为哲学基础。

2. 必须抓住根本的人和事：局长—校长—课堂—成长，把课堂变革与教师"成长"作为学校一切变革的前提。

3. 必须持续建构工作模型，对行动方案做直观、简约而逻辑化的表达。

4. 必须坚持单项切入，整体推进，综合实施，营造有机的生态教育体系。

5. 必须坚持以自下而上、由内而外为主，兼顾上下互动、内外互动的改革策略。

6. 必须坚持向"对"的人，"对"的地，"对"的书学习。

7. 必须坚持在学习别人的基础上，靠自己，做自己，表达自己，创造自己的经验，培养自己的领航学校和领航教师。

8. 必须坚持营造倾听与对话、互动与交流的教育生态。无论是校长、教师的教育实践，还是专家的参与，大家是一起行动、合作共生的学习共同体。

9. 必须坚持持续的、逻辑的、问题导向的、任务驱动的累积性行动研究，并不断改进行动方案。

10. 必须坚持"人只有改变了世界才能理解世界"的实践理念，让我们在行动研究中，在改变教育中理解教育，创造新的教育。

11. 必须持续推动教育启蒙，弘扬理性精神，"知己知人，成己成人"，把自我反思和行动研究内化为每个教育者的人性层次，走向教育现代化，走向研究性教学，走向民主性教育。

教育的理想与现实

教育行政管理多以听汇报和对话的方式来对学校进行"诊断"和指导。在倾听校长、教师的汇报并与之持续对话中，反思该如何理解我们教育的理想和现实。

一、好的教育应该从理论和实践两个层面共同体现教育的本质

好的教育，应该用生动的实践呈现出学习本质、教学本质、课程本质、评价本质、管理本质，及其相互作用的学习共同体本质。从实践的角度说，教育，即行动创造。

好的教育，应该用严谨的文字揭示出学习本质、教学本质、课程本质、评价本质、管理本质，及其相互作用的学习共同体本质。从理论的角度说，教育，即概念重建。

理想的教育，应该是上述二者的相依相生。比如，理想的校长、教师的汇报，应兼顾两者，用重建概念的理论诠释、再现行动创造的实践，就是基于校长、教师自己的问题，用专业的语言把鲜活实践，如学校管理、教学等本质有逻辑地表达出来。逻辑，体现了你的认知结构和行为结构。认知逻辑即行动逻辑。

现实情况如何呢？多数人缺少理性思辨和实践创造，不明教育本质，或绕开本质，遮蔽本质，大谈做了什么、做了多少的肤浅的量化的工作形式和举措。大部分汇报材料尚停留在功利化的"育分"层面，很少深入到育人的教育深处，很少揭示教育的本质和真谛。汇报常常以形式覆盖内容，以内容覆盖观念和本质。很多优秀教师的课堂并不"优秀"，汇报材料内容浮浅，没有彰显其优秀的专业性表达，说明很多优秀教师的理论水平还不高。这与其工作的辛苦程度和工作业绩形成强烈反差。这是教育与研究严重分离的结果，与我们倡导的"教学即协同研究"相去甚远。对此，应以培养"立言者"和创造者为目标，抓住理性的、专业的反思—写作这一关键环节，带动校长、教师进行"读书—实践—写作""观察—描述—反思—改进"的深度践行。在这个人工智能时代，只有校长、教师也同学生一样，都是创造者，才能落实核心素养的目标。

二、好的教育应该是不断问题解决和行动改进的教育

很多校长、教师在汇报中，大多没有表达或体现出其行动所基于的问题，为行动而行动，为特色而特色，为表达而表达。因此，行动缺少问题解决的探索和创造。行动的结果，也缺少问题的反思和改进，常常敷衍了事、表面化地提一些大而化之的装饰性问题。当然，一方面，是理性上可能真的不知道有什么"问题"存在，另一方面，平时缺少求真的反思、怀疑精神。比如：一些校长也谈育人方式的转变，也谈启发式、探究式、参与式、讨论式等，但在交流中，发现其更倾向于布鲁姆的行为主义和"泰勒原理"，对教与学的关系，还停留在"先学后教""先教后学"等教、学分离的二元论思维水平。杜威、陶行知等伟大教育先贤早已对教学本质、教与学的关系做了深入浅出的阐释和实践，我们至今还在迷雾里徘徊而不自知。

校长、教师能否用专业的语言描述本校课堂教学的现状？即是说，校长、教师能否读懂课堂？现实的情况是，多数人的理解难以达到本质。校长只有读懂课堂这一教育主阵地，才会发现课堂的问题，以及学校的深层问题，才有可能去行动解决。现实的情况是，面对大量的"虚假"课堂，或视而不见，或自以为是，或听之任之。没有基于问题解决

的教育行动，常常使教育沦为肤浅或形式主义。

多数校长、教师汇报完毕，其表达似乎是自足的、圆满的。是我们的教育行动真的圆满了，还是缺少深度反思呢？没有反思，哪有问题？没有问题，哪有改进和新的成长、创造？反思的深度、提问题的深度，体现了教育人的专业水平。

如何让教育行动基于问题解决呢？需要校长、教师拥有先进教育理论指导下的反思能力和行动能力。

那么校长、教师的先进理论从哪里来？除了自己的主动实践和发现外，主要来源于对优秀教育理论书籍的阅读。很多人说，我们的理念已经很先进了，就是缺少实践。是这样吗？交流起来便知，他们常常套用一些先进的名词而已。我们对优秀理论的学习，实在是太不够了。我们应该选择"对"的学习导师，读"对"的书。现实中，校长、教师喜欢阅读杜威、张华等教育大家的书籍并不多，言说中常常遮蔽或拒斥对教育方向、教育思想的反思和讨论。甚至一些校长还停留在对上级"察言观色"的功利化层面，缺少教育情怀和基本的人格坚守。优秀的书确实不容易读，但我特别赞同这样一句话：读你读不懂的书不是愚蠢，绕开或放弃才是愚蠢。

关于行动能力，只有把日常的教育教学过程变成真实情境中问题解决的行动研究，才会不断走向行动改进和知行合一。我们所倡导的学习共同体建设"十大行动"，之所以称之为"行动"，就是基于问题解决、行动改进和创造的教育实践。

三、好的教育要体现教育生态中各要素互动共生的关系

在很多校长、教师的汇报中，对课堂教学、课程建设、教学研究、教学评价、班级管理、学校管理等各教育要素，常常是各说各的，各有主题、各有内容、互不关联，没有从各自角度共同指向"保障每个儿童学习权""让每个儿童的学习真实发生""让每个儿童在协同研究中实现深度学习和创造学习"的儿童发展目标，没有从各自角度体现出各要素间互动共生的关系，也没有揭示出各自领域里的本质，常常是肤浅的、泛泛的说明而已。因为上述各教育要素及其行动主体只有相互作用，建立

体现共情共生关系的教育生态，才能保障每一个儿童高品质学习。有人说，教育学就是关系学。功利化的应试教育背景下，管理者常常因急功近利而顾此失彼，很难通过建立"关系"、营造生态抵达和践行上述体现公平和质量的目标。只有进入保障教育公平和专业研究的行动中，你才有可能对这些教育价值去理解、接纳、守护和践行，你才有可能在这些价值的统率下，去整合、助力教育生态各要素的互动共生。

比如，学校管理问题，有人喜欢用精细化管理来表达管理的水平。什么叫精细化管理？如果就管理谈管理，不能指向每一间教室、每一节课、每一个学生深度学习的发生，就谈不上精细化管理。

比如，评价问题。有基础教育质量的数据检测及统计分析显示，就学生课业负担而言，有继续加重之势。一些地区，教育变革不但没有促进教育品质的改善，反而将压力从不同层面和角度传导到没有任何抵制和抗拒能力的弱小学生身上。如何透过数据看到教育的问题和本质？如何引领教师并进而影响家长超越分数排队，进行质性研究，并避免其"排队"的危害性？如何通过评价，反思课堂、课程、教研、管理等构成教育生态各要素的关系？如何避免日益加深的教育"内卷化"现象？这些都需要在教育专业性指导、理性反思的前提下，指向教育生态重构的综合性改革，指向构成教育生态各要素、各行动主体的互动统一、协同共生。

四、好的学校教育应该通过课堂得到集中体现

校长课程领导力如何，学校文化（三风）如何，学校资源配置如何，管理如何，教师专业素养提升如何，林林总总，无不集中体现在课堂里。现实的情况是，校长汇报得无论多么精彩，一旦走进课堂，就会透过课堂的真实看见学校教育的"实相"。在课堂实相面前，汇报的繁华常常迅速"凋零"。只要我们的课堂停留在传递式、控制式的状态下，育人方式就是落后的，各种"繁华"的举措就会受到怀疑。

家长选择校外补习机构或找教师"一对一"补课，就使补课的链条从课内延伸到课外、从校内延伸到校外。"教育即生活"的完整性、和谐性、连续性被严重分裂，课业负担的大幅增加是必然的。

在这种控制的教育中，学生一方面"没有时间读书"，一方面又存在大量的"差生"——不会有理解的阅读。这岂不是矛盾？什么叫没有时间读书？学习的本质不都是"读书"吗？为什么追求高效课堂的结果，却造成了大量的不会阅读、不会思考的差生？

什么是好的教学？我们所倡导的"让教学变成协同研究"，师生协同探究、创造知识，不断进行真实情境中的问题解决。教师通过倾听、串联、反刍等方式不断"让学""邀请学""召唤学"，不断组织学生挑战更高水平的学习。学生通过自主、合作、探究，不断产生自己的精彩观念。教学过程全程以基于和激发人性之真善美为本，由此实现了教学做合一、教学评一体化。现实中存在的问题是，教师专业素养不够，容易走形式，学校管理、考试评价等对教师的支持不够。

追求"让教学变成协同研究"的教学及其相应的教育，其本质就是建设学习共同体。什么是学习共同体？简单说，就是校长、教师、学生、家长等基于保障每一个儿童的学习权和每一个教师的专业成长权，通过协作与探究、倾听与对话而建立的一种互动共生的生活方式。这样的学习共同体建设，需要从课堂走向学校、区域的整体教育生态重构。目前我市所倡导的"十大行动"就是学习共同体建设的创生性实践。

由此，校长、教师都需要转换原来的角色，都要成为终身的反思型实践者和教育创造者，由原来"控制—执行"型的工具性存在，走向"探究—创造"问题解决型的行动研究。

五、好的学校教育要使每一个教育细节体现正确的育人价值

学校文化，或学校的价值取向，一方面是校长口头提的、汇报材料里写的、学校宣传板上张贴的，一方面是校园里师生活动场景及学习生活的一些细节所呈现出来的。事实上，这些不经意的细节所流露出来的真实，才是学校文化的真实。

例如，某学校教室里张贴着优秀学生的"四大品质"：

不达目的不罢休的坚持力；

不需要别人提醒、督促的自觉力；

克服困难的顽强力；

善于控制自己情绪和行为的自制力。

再如，某学校教室里张贴着学生奖状内容是：

书山有路，以勤为径。

这两个例子所显示的文化价值，都片面强调了"刻苦""苦学""没有苦中苦，难得甜中甜"的"教育准备说"文化和控制文化，对人的兴趣和探究、创造的生命力关照不够。

再如，某校长说："有的学生看着也不学！"言外之意，看管，是最后的教育办法了。这可是一类高中里拥有区域内义务教育前 30% 优秀生源的学校啊。看看以控制取向为主的应试教育制造了多少"差生"！

另一位校长说："学生学习的内生动力不足！对此，我校举行了多次励志教育的仪式。"

二者都选择了"看"的控制方式和思想、励志激情等激励的方式，却很少有人研究儿童的现有经验与教学内容和方式的适切性，很少有人去体谅和理解儿童的内在精神需求和所遇到的困难。

再如，不少校长汇报时，抛开国家课程，大谈校本课程的多而全，大谈所谓的"书香校园"建设，努力体现自己多么"校本"，多么有特色和与众不同。这里需要辨析的是，国家课程与校本课程到底是啥关系？除了国家课程校本化外，完全体现本校特点和学生个性需求的课程，如果不考虑与国家课程的关系，不处理好课程体系里为学生提供经验的连续性和联系性，是否不顾开发质量而越多越好？课程建设如何体现"少即是多""慢即是快"的思想？学生核心素养如何落地？学生和教师的负担是否过重？这些问题如果不能思考清楚，我们的课程建设可能会从一个极端走向另一个极端。

当对上述几个细节或例子进行解读和剖析时，就会看到我们教育的现实，远不是口头言说和自我感觉的那样良好。

现实的人，其创造性就在于不断在改变现实中走向理想。教育的创造性就在于，不断基于现实的问题，进行理想的创造。

我看这节数学课——用课例"圆的面积"透视教学之本质

任德敏老师在学共体年会上，上了一节数学课"圆的面积"，提供研究的信息量特别丰富。听课的老师每个人都有话说，每个人都会从不同的角度，提取大量的信息来诠释什么叫教育，什么叫教学，什么叫倾听，什么叫对话，什么叫协同研究。

在我看来，本节课体现了以下几个特点。

一、比较典型地体现了教学的本质

教学的本质是什么呢？教学即协同研究。教学的过程就是老师带着孩子们，在真实的问题情境中，通过自主探究、合作探究、倾听对话，不断地进行问题解决和产生个人思想的过程。在问题解决的过程中，老师用倾听的姿态，用串联的方式，不断引导孩子产生并遵循他们自己的思想。就像刚才林西这位老师说的那样，"好几个人都没影响那个孩子的思考过程"。这才叫真实的学习！老师就应该尊重每个孩子个性化的学习逻辑，倾听孩子，让每个孩子在做中、在探究中持续产生自己的理解和思想。

用佐藤学的话来说，本节课体现了"活动的、协同的、反思的"课堂本质。什么叫活动的？佐藤学说：学习就是相遇和对话。不断地与教科书、教科书背后的生活相遇和对话。怎么实现相遇和对话？就是进行媒介化学习。什么叫媒介化？任老师组织每个孩子提前制作了一个学具，来探究圆的面积，孩子们提前把这个圆分成多少份都准备好。这种"做中学"，才是最好的学习。

在课堂转型中，最难改变和调整的是教与学的关系。陶行知先生说得最简洁：教学就是教、学、做合一，怎么做就怎么学，怎么学就怎么教。

教和学的关系在这节课得到完美的体现，任老师这节课也很自信，很放松。她为什么放松？她不用担心完不成，担心意外的现象发生，因为教育即生活，课堂即生活，即真实的生活。孩子哪里是在学习，他们在认真探究圆的面积，在做事，每个人都感觉到不是在"被学习"。所以，任老师用着急吗？她在引领孩子过真实的探究生活。这节课她说得很少，她在结尾作了讲解式的升华，她的讲不是独白而是对话，是基于孩子们在探究中遇到的困惑的对话。课堂里老师们讲课的关键，不在于讲多少，不在于讲不讲，而在于是不是对话，是不是不断开启学生的思考和探究。什么是对话？是基于共同的问题进行交流和彼此启发。我在这样说的时候，也是建立在和老师共同对话的基础之上，因为大家都在观察这节课。

二、较好地体现了课程本质和学科本质

就课程的本质而言，本节课实现了由课时本位到课程本位，由知识本位到素养本位的超越。建议大家读一下我们市局下发的《赤峰市"一个都不能少"学习共同体建设行动经棚宣言》《赤峰市基础教育创新发展行动纲要（2020—2025）》。这里面对课程是这样表述的：要改变那种课时本位、知识本位、学科本位的课程观，走向基于学生素养本位的课程观。

什么叫素养本位？比如这节课设计了三个问题，就一定要完成这三个问题吗？我想今天在座的老师们没有一个人是这样想问题的。基于素养本位的课程观，就是要基于学科大观念，通过学科实践，培养孩子的数学学科素养。数学学科核心素养的前三个词是抽象、推理、模型。抽象，让孩子们在真实的圆面前不断地探究，经过探究，总结抽象出圆的面积公式。本节课，任老师就第一个问题不惜时间地引导孩子深入地、协同地去探究，如果每一个孩子都探究明白了，多么有意义呀！意义在哪里？意义在于学生在深度探究中获得了抽象、推理、建模的数学素养和能力。所以佐藤学说：教学不在于追赶教科书的进度，而在于引导孩子获得经验的丰富程度。

我们平时所谓的高效课堂，这个"高效"的本质往往是追求单位时

间内获得的知识量的多少，人们往往是这样理解和实践的。如果把课堂比作人生，能追求高效的人生吗？而有好多日子是用来"浪费"的。什么叫浪漫？浪漫就是用浪费的方式过慢的生活。浪费，慢，代表着我们要细细地去思考、品味，深入地探究。有些时候你要慢慢欣赏贝多芬的《第九交响曲》，有时候就像我们这节课持续深入地探究圆的面积公式，不是追赶教科书进度的效率，而是追求为每一个孩子提供丰富的学习经验。"经验"这个词应该引起大家的注意，我说的"经验"是杜威的"经验"，不是我们日常所理解的"经验"。有的人活 80 岁、活 100 岁，真不一定有多少经验，是糊里糊涂过来的。我观察身边这个孩子叫苗原齐，他就像数学家一样在思考、探究、解决问题，这正体现了学科的学习方式就是学科的思维方式。数学课的思维方式，每一个孩子学数学的方式和数学家解决数学问题是同一个方式，这节课对此有了充分体现。如果不是同一个真实的探究方式，我们的学习就是浅学习、假学习。

三、较好地体现了安全、协同的课堂生态

什么叫生态？生态就是构成这个环境里面各要素关系的和谐程度。比如说，我观察的另一个男孩子不断地、持续地追问，他心里就足够安全，足够放松，在众多的老师和孩子面前一点也不紧张。因为他在求真啊，因为他在质疑啊！他用他的不会，代表了多少孩子，为多少孩子代言啊！我们说要保障每一个孩子的学习权，怎么保障？人天生就有探究能力、建造能力、表现能力、交往能力，等等，课堂就应该给孩子提供真实的问题情境，让孩子去安全地、自由地探究，操作，交往，表现。

当我们的课堂给孩子足够安全的、自由的环境的时候，每一个孩子都是创造者，你想出这么一个方法，他想出那么一个方法。挨着我的那个苗原齐同学说："我又想出一个办法，把半径去掉，不用半径，用直径来解决这个问题。"虽然他这个想法有点荒谬，可是他提出一个新问题多有成就感！没有一个孩子认为"我懂了，快歇歇吧"，我没发现有哪个孩子说"探究太累了，没意思，不想探究下去了"，他们都在积极地深度探究。

当然，这节课我觉得还有需要努力的空间，就是孩子们之间协同关

系的培养空间还是很大的。

任老师从一年级带上来的这个班级，通过几年的培养，我们看到了孩子不俗的表现。所以说真实的课堂是藏不住的，你既能看到此刻任老师的这种导向，又能看到任老师平素培养孩子的基础。每一个人此刻都是社会关系、历史关系的总和。她代表了经棚民族实验小学六年多的发展历程。

我甚至在想，任老师带完六年级，再接着带初一、初二、初三，你想如果连续以这种方式持续学习和发展，这些孩子们到了高一、高二、高三，你还会说"我讲他还不会呢，能自己学会吗"？这些孩子未来的探究能力和问题解决能力得多么强大！我们在读书的时候，没经历过这样深度的、持续的、协同的探究过程，老师主要是讲给我们听，然后做题，接受训练。否则，我们一定比现在优秀。

这次新加入共同体的老师们，感触可能很大。从这个角度说，体现了教育研究的起点是观察，是现场观察。当我们把目光指向孩子学习的时候，当我们在观察的时候排除自己的前概念，排除自己所有的理论，去直接观察这个孩子的学习是如何真实地发生和整个运行过程，我敢保证，每一个人上前面来，他都会像我一样很自信，能说上半个小时到一个小时。为什么呢？因为在观察时，你获取了那么多信息和数据。按原来的教研方式，我们往教室后边一坐，就看大概的教学运行过程，主要看老师怎么讲，每个孩子的具体、细致的探究过程是看不到的。所以说观察太重要了。"观察—描述—反思—改进"，最终是指向每个人行动的改进。

成己，成人

成己，成人。二者是互成的，通过成人实现成己，成己才能成人。如何成己成人？先要知己知人，即"认识你自己"，知道什么才是真正的人。

成己成人的动力何在？爱，所谓"仁者爱人"，爱自己，爱别人，包括亲友、国家、民族、人类、自然，等等。如果把"知己知人"概括为知，"成己成人"概括为行，那么知行之间的转化就靠"爱"这个动力。爱，即热情、兴趣、渴望、好奇心，即思考、探究、躬身实践，即是体验过程的快乐，即是对未来意义的求索。所有这些，都要止于至善，把自己做成自己。

人文精神，就是人作为一个真正的人，在生命途中该具有的一种精神。

人生的目的无他，唯成己成人也！抵达目标的动力是爱，途径是生活，手段是劳动，保障是择善固执。

可能世界和务虚性

邓晓芒在《史铁生的哲学》中，提到"可能世界"和"务虚性"。当人从现实中超越出来，就会不断走向可能的世界。但现实中的大多数，因过于"务实"，过于"接地气"，而没有"可能世界"的出现和开显，也常常把别人的"务虚"错误地理解为"不接地气"。

那些著名的教育家，如杜威，有几个优秀校长真正喜欢他、读懂他？

对真善美的敏感、渴望、追求和创造，是一个人拥有可能世界和务虚性的标志。实践和创造真善美的结果，便是古人所说的三不朽，即立德、立言、立功。这三者也是三位一体的关系。分开来说，德，主要是人格，是精神品质，是内在修为，是改变自己、创造自己的结果；言，主要是言说世界、言说自己的结果；功，主要是改变世界、创造世界的结果。

启蒙，启什么"蒙"？启生命自觉。生命自觉，意味着什么？生命的原始创造力，是人的本能。从"真善美"，到"德言功"。

存在与理解

存在，意味着关系的存在，意味着所有感官对世界的全面敞开。

存在的目的仅是体验和理解，在关系中体验和理解，为了关系而体验和理解。

倾听，是参与式的理解，是理解的高级形式。体验中，有理解，理解中体验。理解的本质是发现。理解，意味着彼此理解和走进，意味着存在的敞开。

我理解你，是因为我更理解我自己。对你的理解，就是对我的理解。对我的理解，也是对你的理解。

理解是探究，也是体验。是体验的探究，也是探究的体验。理解是目的也是过程，是过程中的目的，也是目的中的过程，是永无止境不自觉追求的目的。

理解是短暂的认可，也是长久的信念。

有趣的生命，在于走在永无止境的理解的路上、体验的路上、探究的路上。

成长，应然的存在

成长，就是不断地成长，不断地精神成长。

成长，就是向真、向善、向美的持续的，不间断的过程。偶尔的、断续的成长，不是真正的成长。

成长的本质，是爱、相遇和对话。人性的核心是爱，是情感。人的应然存在渴望"爱"的表达——实践和体验。表达的方式是相遇和对话。

成长，方能克服存在的异化，方能不断实现自我启蒙和个性解放。

行动被异化，是停止成长的重要标志；听话、人云亦云、不加分析地按指令行动，是异化的重要标志；爱，关心，独立思考，对真善美的渴望和行动追求，是成长的重要标志；基于"公共，民主，卓越"的学习共同体发育，是一个班级，一所学校持续成长的标志。

用所有的经验去阅读

面对文本或某些话语，比如阅读钟启泉教授的《课程的逻辑》，为什么看不懂，或似乎看懂了但记不住。原因在于除了专业的距离外，自身的经验和体验以及理论背景支持不够、契合不够。有一天我们突然读懂了，豁然开朗了，是因为我们自身的经验、体验及理论提高了，提高到足以支撑建构新经验的程度。

第四章

如何构建区域学习共同体

坚持国际视野、问题导向和本土行动，探索经济欠发达地区基础教育的转型升级之路。重新定位赤峰基础教育，再出发，聚焦课堂，以推进课堂转型为核心，整体推进赤峰市基础教育育人方式转型、教师成长方式转型、学校管理方式和教育评价方式转型。

普通高中学科建设的方向与路径

一、问题的提出

(一)年级管理的加强与学科组的弱化或消失

多年来,赤峰市普通高中对课程改革进行了一定努力和探索,取得了一定成绩,但课堂、课程与教师并未显著改变。造成教师专业素质提高缓慢或停滞不前的主要原因,是多年来学校规模扩大后,学校内部不断强化年级管理,而弱化或消灭了学科组的建设。年级管理只是面向未来三年高考的一个短期目标,必然会出现管理的功利行为。这种功利行为影响了对课堂、课程及教师专业成长的有效建设。教师作为劳动的主体在功利管理的链条中被异化为工具,伴着倦怠的职业情感谈何创造性工作。

在教学实践中,表面上似乎是教师观念及教学方式的落后,其实质是教师观念和方式背后的专业素质问题。校本教研制度作为新课程设计的亮点,在学校并没有真正建立。"不读书,不合作,不研究",使大部分教师没有走向良性专业成长的道路。绝大部分教师并不知道课堂、课程的滞后,与自身的专业素质不足有重要关系。教师对何为专业素养也不甚了解,如何能反思改进自己?试想,一个长期不读书的教师,是否还是一个合格的教师?年级部管理和年级备课组,也渴望变革课堂课程,但主要寄希望于表面化的操作技术和方法,无法深层次触及教师真正的专业发展。

(二)学科建设,是学校内涵发展的应有之义

只有课堂改变,学校才会改变。只有教师的专业素质不断提高,课堂才会改变。没有教师对课堂、课程的深入实践和探索,不可能获得教

师的专业成长；没有教师的专业成长为支撑，课堂、课程也难以有效转变。课堂、课程与教师的专业成长，二者相互支撑，相互促进。只有学校管理实现对课堂、课程的有效领导，课堂、课程与教师才会慢慢改变。实现这一有效领导并使二者有效"互动"的支点是什么？以学科为单位的教研组。

由此可以看到，学科建设，就是直接指向学科课堂、课程和教师专业成长的建设。从反面说，就是要解决教师"不读书，不合作，不研究"这一根本问题。试问哪一个学校如果坚持走内涵发展之路，而能绕过课堂、课程和教师专业素质的建设？学科建设是学校内涵建设的应有之义。我们依据理论，借鉴国内成功经验，提出学科建设，是在为学校内涵发展寻找更本质的路径和策略。

（三）学科建设的价值与作用

学科教研组作为学校的中观组织，凸显其地位和作用，从学校顶层看，学科建设必然引发学校主动变革内部治理结构及管理方式，不断提升学校课程领导力以适应学科建设的需要。进行学科建设，是敢于把多年来一直"隐藏"着的学校发展弊端公之于理性之下，做根本性反思，进而调整学校发展模式；从教学第一线看，学科建设必然引导教师建立新的职业生活方式，以适应课堂、课程变化的需要；从学校中层看，学科建设必然会首先把作为学科领袖的学科组长推向课堂、课程建设的深水区和教育改革的最前沿。这支最具学科专业化的学科组长队伍，不是学校先天具有的，而将在学科建设过程中逐步成长起来，成为引领学科教育的重要本土学术力量，将更有效地引领学科教师的专业发展。从学校整体的角度看，抓住学科建设这个牵一发而动全身的核心环节，将使全校上下聚焦课堂、课程，聚焦每个人的生命成长，最有可能使"教学变成研究"。也只有让教学变成研究，才会有教师的真正专业成长；从学校外部看，在学科建设的设计、推动、指导中，必将提升教育行政及教研部门的课程领导力和专业素养。由此可以看出，学科建设是赤峰市普通高中实施"一体两翼三评价"内涵发展路径的切入点和枢纽。

因此，市教育局在普通高中阶段，率先提出"加强学科建设，打造学习共同体"的意见。

(四)学习共同体与学科建设的关系

从学科角度看，同一学科教师形成学习共同体，彼此分享不同的经验，协同解决问题，有利于生成新的理念和知识，实现共同提高（社会建构主义学习理论）。加利福尼亚大学的力特尔教授在教师作为专家共同成长的"同僚性"研究中提出：教师不可能独自一个人成长。[1] 我国古代《学记》和日本佐藤学教授的"学习对话说"也深刻阐明此理。佐藤学把"学习共同体"定位为彰显"21 世纪型学校愿景"的概念。所谓学习共同体，是使学校成为儿童合作学习的场所；教师作为专家相互学习的场所；家长与市民参与学校教育并相互学习的场所。从这个意义上说，学科建设就是把过去合作不紧密，或基本不合作的学科教师变成学习共同体，使教师在学习共同体中，由过去的"教育专家"同时成为"学习专家"或反思性实践家（对自身的教学实践和同僚的教学实践进行相互反思、与同僚相互学习）。这里体现了一个新的理念：学校的责任在保障每一个儿童的学习权得以实现的同时，也保障每一个教师作为专家成长的机会。

另外，教师学习共同体是以课堂里学生学习共同体建设为支撑的。佐藤学在学习共同体研究中指出：作为学习共同体的学校建设，倘若所有教师不公开自己的课堂、在教学中不引进"协同学习"；倘若学生们不构筑"协同学习"的关系就不可能创造出每个教师作为教育专家共同成长的学校。

从赤峰市的角度看，顶层规划学科建设，将更有效地统筹、整合内外部优质资源，放大使用效益。将逐步打破校际、学科间的壁垒，建立赤峰市各校、各学科的学习共同体。另外，普通高中尽管面对高考的升学压力，但其教师群体的专业水平明显优于义务教育阶段，学科建设将会产生更明显的效果。一些旗县区初中教育已提供了这方面的样例。

---

① ［日］佐藤学：《学校见闻录：学习共同体的实践》，195 页，钟启泉译，华东师范大学出版社，2014。

二、加强学科建设，打造学习共同体的指导思想

以学校主动变革为前提，以打造学习共同体为依托，以课堂和课程建设为载体，以提高学校课程领导力、优化学校内部治理结构、建立教师"读书—实践—写作"教育生活方式为保障，以搭建教师成长平台、畅通成长通道为关键，促进教师持续专业化成长，促进课堂从"传递中心教学"转型为"对话中心教学"，从"记忆型课堂文化"转型为"思维型课堂文化"，促进课程从"科学中心主义课程"转型为"社会建构中心课程"。

三、加强学科建设，打造学习共同体的基本原则

（一）行政推动，顶层设计

由教育行政部门牵头对赤峰市普通高中学科建设工作进行整体设计，协调、整合各层级、各方面资源，指导赤峰市学科建设的有序实施。

（二）以校为本，综合实施

学校是学科建设好坏的关键，校长是学科建设最有力的推动者。学科建设是系统工程，学校必须整体设计，综合实施。尊重基层学校在学科建设中的校本做法和首创精神。

（三）专家引领，名校导航

聘请国内著名教育专家和国家课标研制组核心专家参与我市学科建设的设计和跟踪指导。引进无锡锡山高中等名校学科建设资源，示范引领。

（四）典型引路，协同发展

培育市级学科基地校及校内典型学科，进行示范引领。打开学科间、校际间壁垒，建立学科发展联盟，建立校际间学科建设交流机制。

（五）把握方向，渐进行动

学科建设是学校建设的本质回归，是让老师做他本该做的事，只有效果好坏之分，没有成败之别。每个学校，每个学科，都要针对本校实

际，设计好工作路径和流程，以不怕慢的精神，且行且思，且破且立。

四、加强学科建设，打造学习共同体的主要目标

建立以学科教研组为单位的教师学习共同体，培育优秀学科领袖，不断提高每一个教师的专业化水平，不断提高每个学科的学术水平。

改进课堂和课程。打造"基于情境，基于问题，高阶思维，高效互动"的智慧课堂。整合学科课程，不断完善校本化课程体系。

五、"加强学科建设，打造学习共同体"的主要内容

（一）建设好每个学科教研组

例：锡山高中 2013 版学科规划的主要内容体系

框架	主要内容
信念作风	1. 学科宣言：有体现学科价值的学科宣言，并做出科学阐释；在阐释中能够体现出正确的学生观、教师观、学科观及其行动追求。
	2. 师德组风：教研组长确立提升自身凝聚力、感召力和影响力的目标；组内有体现良好师德追求的组风，涌现出体现组风精神的优秀教师典型。
	3. 年度规划：每学年有依据《发展规划》制定的行动方案；教研组长和组员围绕目标规划都有明确的分工和责任，建构良好的合作关系。
队伍建设	1. 专业规划：组内教师有明确的成长目标，制订了个体发展规划。
	2. 途径方法：有切实的师德建设举措，明晰组内教师学习的内容和方法。
	3. 重点项目：确立本组教师发展的重点内容，分析本组教师发展迫切需要解决的问题并提出具体举措。
课程教学	1. 课程开发：形成必修模块课程实施纲要；形成选修Ⅰ课程开设模块及规划；探索形成大学先修课程体系内相关课程开发的规划；研究选修Ⅱ课程框架下开发高质量课程的规划，形成若干课程纲要。
	2. 课堂教学：明确本学科变革课堂教学急需解决的问题及解决途径，教学方法、学习方式上有具体改进目标，课堂教学改革有项目和抓手。

续表

框架	主要内容
	3. 学科质量：有明确的学科教学质量目标或《学科教学质量标准》（也可以是《学生学业成就标准》），在减轻学生学业负担方面有具体举措。
校本教研	1. 教研制度：完善常规教研制度，不断创新教研方式，不断提高教研实效性。
	2. 教研内容：重点关注课程标准的落实、促进教学与评价的一致性、命题与作业等研究。
	3. 教研方法：自我反思、同伴互助等常态研究的方法，注重形成教学风格，建立外出研修与交流制度。
	4. 教研成果：围绕学科建设中的问题组织攻关，申报课题，完成研究项目；对教师论文、案例等物化科研成果的数量与质量有年度计划要求。
知识管理	1. 科组档案：建立学科发展大事记载的文献体系，建立完整的个人专业档案。
	2. 业务档案：梳理公开课、论文等学科业务档案库，归理学科教学资料库。
	3. 宣传推介：利用各种媒体宣传学科建设成果和教师典型，利用各种资源扩大学术交流的范围与影响，对宣传内容有记载和归理。
特色建设	特色项目：教研组依据学科发展要求拟订的面向未来的特色建设计划。

（二）改善、优化学校内部治理结构

1. 制定和完善学校章程，推动学校从管理走向治理，树立每个教师的主人意识、主体意识。让"成己成人"成为学校文化的核心价值追求。

2. 改进和优化学校治理结构，突出学术委员会在学校治理中的主体作用，让管理直接指向课堂、课程和校本教研。编织好年级组与教研组两个运行主线和工作流程（成立课程规划处、教师发展处、学生发展处），构建学部（年级）与学科共同对教育教学质量负责的机制。

3. 减少管理层级，实现管理重心下移。探索副校长直接管理年级或中层部门的运行机制。

4. 把终极追问变成思考的习惯。校长应经常追问：通过管理，我校的课堂、课程是否在变化？校本教研是否在研究课堂和课程的改进？是否在不断促进教师的专业成长？内部治理结构是否直接指向并有效解决了上述问题？在评估汇报中能够用具体的数字、人名、课题名称、研究的内容及成果来回答上述的变化。

(三)不断完善和深化校本教研机制

1. 建立校长、教师"读书—实践—写作"三位一体的教育生活方式

终极目标：培养终身学习者——知己知人，成己成人。

起点目标：唤醒文化自觉——要求他人做到的，我应率先做到的自觉意识(或自知之明后的自觉改变)。

学校要千方百计地培养老师的阅读习惯和写作习惯。

如何理解"读书—实践—写作"三位一体生活方式？这里的"读书—实践—写作"是指教育工作者的"专业"生活方式，是"知己知人，成己成人"的实践表达。本质上是对人本能的唤醒，应该把这样的生活方式变成一种信仰。读书、实践、写作，三位一体，以实践为核心，以读书、写作为两翼，形成一个大的、动态的、有活力的开放系统。

在实践上读书，为实践而读书。

阅读学科、教育、人文三类经典，要体现学习的对话本质。一是积累思想，有思想才能提出理想，有理想才能建立生命的意义和价值，有了指向未来的意义，脚下的每一步才有意义。二是积淀学力和人格，渴望精神成长，学力越来越强，不断体验学而时习之悦。

读书，是站在巨人的肩膀上提高自己。读书，既是教育专家的专业引领，也是先哲大师们的思想引领。读教育理论，读文史哲，是为了丰厚专业背景，为了积淀思想，积淀哲学修养，有了思想，才有可能提出理想，才会产生用实践去实现理想的冲动和渴望。

阅读的本质在于，阅读经典的过程，就是在和作者对话中，不断同意或质疑者思想，并不断产生自己想法的过程；就是既理解别人，也同时建构对自己的理解的过程；就是不断对照自我、寻找自我、反思自

我，进而渴望偏离旧我、建立新我的过程。

这里，彼此理解的次数多了，思想积淀够了，观念自然就转变了。

实践是教师成长的根基和主渠道。

这里的实践，不是被动性的、工具化的、重复性的、隔离了真实生活的假实践，而应该是一种有主体参与的目的性的真生活活动，是推动工作、实施工作、评价工作的具体行动，是问题解决、教学即研究的实践活动，是一种不断超越自我的生命创造活动。简单地说，实践，就是进行创造性教学，进而创造自我、实现自我。实践的终极指向是"成己成人"。因而，教师的实践，本身即是目的，而非手段。

实践，不仅是教师的事，学校领导是"带领"教师一起实践，而不只是"指挥"教师做。

现实中，多数教师没有在实践中把教学变成研究，学校也没有找到改变的策略，却离开主渠道设法用外在的培训来解决教师的专业发展问题，其结果可想而知。

教师实践的主阵地主要指课堂教学、课程建设及校本教研活动。主阵地，意味着让教师成为建设课堂、课程的主体。只有作为主体的参与，才会有教师的成长。

打造"基于情境，基于问题，高阶思维，高效互动"的智慧课堂。

实践行为观测对象，包含课堂和课程的变化，教师自我的变化，学校每个人推动工作、实施工作的具体课题（问题化），以及围绕课题的具体实践行动及问题解决程度。

教师实践的成果，包括教案的文本，案例式的课堂教学。其他标志性成果，包括有学术价值的论文、工作计划、总结，以及形成自己的教学主张及操作架构。

积极营造自主、合作、探究、关怀的教师文化，不断增强教师的文化认同感。所谓自主，即每个教师主动选择做"自己"，做教学创造者，不断"成己成人"。所谓合作，就是既要改变过去教师个人相对封闭、单打独斗的做法，也要改变过去团队合作导向不够的管理机制，积极构建体现"公共性""卓越性"的"学习共同体"。所谓探究，即是改变过去科学精神不足，满足于经验主义的现状，把教学变成研究，让学校充满"实验室精神"。所谓关怀，即是领导与教师、教师与教师、教师与学生形成优质的关怀关系，这是学校成功的关键因素之一。其中领导首先要关怀和关心教师成长，领导带领并和教师一起成长。管理作为一种手段是为了帮助和促进教师成长。

学科教研组（校本教研）的主要活动为课例研究，课例研究的主要目的不是追求优秀的教学，而是在于形成每个学生的学习，提升每个学生的学习质量，课例研究的内容更聚焦于课堂上发生的学习的事实、合作学习的事实。所有教师每年至少上一次公开课，所有教师在课例研究会上必须发言，所有教师每学期观看一次自己的教学录像。

写作，是最有力的思维"笔算"，是对实践行动的记录、整理和反思，是与实践结合的自我认识、自我研究，是站在自己肩膀上的自我超越。

写作的内容主要指梳理教学事件，把叙事作为重要的研究方法，探究每一个教师和每一个学生的具体的活动和经验的意义，书写自己的教育史。同时把个人的观察思考变成群体的共享，促进教师研究共同体的形成。

推动写作的主要抓手，是建立每个教师的教育博客。

每学期精读一本经典名著，每周写一份有价值的教学反思，每学期上一节自己满意的公开课；每学期撰写一篇高水平的经验体会或教学论文；每人有自己的研究课题；每学年整理一本自己的作品集；每人建一个实名的教育博客，上传自己撰写的论文、体会、案例、教学反思、教育札记，转载优秀文章等。

总之，校长千方百计引导老师建立"读书—实践—写作"的教育生活方式，在实践中研究创造，把教学变成研究。在实践中阅读，慢慢积累理论修养和人文精神，不断体验学而时习之"悦"。在实践中写作，叙写自己的教育生活。这里的关键之关键，就是学校班子成员是"读书—实践—写作"教育生活方式的先行者和示范者。

2. 最大限度地消减"行政"会议和"行政"活动，保障校本教研新常规的建立

聚焦课堂、课程与教师的专业成长，努力改变三个恶性循环，为教

学、教研留出足够的时间。

改变教师忙于工作(使智慧型劳动沦为体力活)而没有时间读书写作的恶性循环，向着引导教师过上"读书—实践—写作"的反思实践性职业生活方式为主转变。

改变过于注重形式的高时间成本的行政会议和常规管理，而校本教研活动过少过浅的恶性循环，向着以建立管理、指导、研究课堂课程为主的校本研修制度为主转变。

改变过于注重秩序控制和为活动而活动的班级管理和德育工作，而在课堂课程的改变上下功夫不足的恶性循环，向着以改变课堂、课程生态为主，建立"活动的、合作的、反思性的"学习方式，靠知识的内在吸引而形成的善好学习生活转变。

总之，多在主渠道栽种真善美上下功夫。

3. 建立校本教研新机制

建立学科组长、骨干教师定期外出学习制度。

(四)做好三个评价的改进，恢复评价的欣赏和帮助意蕴

改进教育行政部门对学校的评价办法，体现学科建设的基本要求。继续修订评价标准，使评价要素充分体现"一体两翼三评价"的基本要求。"学业水平"的评价，制定落实《普通高中教学质量综合评价方案》，对高考质量进行增量评价。"管理水平"的评价，强化过程的专项专业指导和重点项目推进，评价结果以"专业评语＋重点项目等级评价"的方式呈现。

改进学校对教师的评价制度，体现学科建设基本要求。建立校长、教师成长记录袋制度，使成长记录成为每个校长、教师成长的见证和标志，使评价成为引领和推动"一体两翼"的重要力量。制定《普通高中教师成长记录指导意见》，研发配套软件。

改进对学生的评价。建立普通高中学生成长记录和综合素质评价制度，重点对学生品德发展、学业水平、身心健康、兴趣特长、实践能力等方面发展情况进行写实记录。

五、"加强学科建设，打造学习共同体"的主要策略

(一)成立市级工作组织

1. 成立普通高中学科建设工作领导小组，下设常务办公室。领导组织由行政领导、校长、教研员、学科专家、一线教师组成。领导小组每个季度开一次调度会，总结推进工作。

2. 聘请国内顶层学科专家及教学一线学科领袖担任我市学科建设导师，建立长期合作关系。

3. 遴选学科建设首席专家，成立普通高中各学科建设专业委员会。围绕首席专家，确立市级学科基地校，成立名师工作室，发挥名师的示范辐射作用。

4. 鼓励基层学校自发成立学科建设发展联盟。

5. 申请经费支持。

(二)做好顶层设计和阶段工作推进

1. 研制《关于加强赤峰市普通高中学科建设，打造学习共同体指导意见》及评价指标体系。

2. 研制《各学科建设指导意见》《各学科课堂教学指导意见》《各学科课堂教学评价标准》《各学科教育质量标准》。

3. 制定《市级学科中心教研组管理办法》《市级学科首席专家管理办法》《市级学科基地校管理办法》《市级优秀学科组评选办法》。

4. 前期调研，召开研讨会、启动大会，组织阶段总结会和专题工作推进会。

5. 对基地校跟踪指导评价。

6. 组织办好每一次培训会。

(三)探索校本学科建设路径

1. 开展学习讨论活动，使教师认识到学科建设不是标新立异，是让教师做本该做的事，过本该过的生活，是帮助教师成长，做最好的自己。

2. 组建学科教研组，选拔培养学科领袖。

3. 探寻自己的发展路径，修订学校发展规划，制订学科建设规划，建设配套制度。

4. 研制各学科建设三年规划。

5. 指导每个教师制订个人成长规划。

6. 进行学科环境建设，可从某个学科开始，分步实施。

7. 每个学校都要建设好专门的教研组活动录播教室，实行数字化管理。

(四)搭建培养"新学校、新校长、新教师"六个成长平台

1. 搭建国家顶层学科专家对我市学科组长及骨干教师的培养平台。

2. 搭建全国名校学科组长和我市学科教研组结对帮扶平台。

3. 搭建国家知名课程专家、校长参与我市学校课程领导力建设平台(主要面向校长、学科组长、年级主任等)。

4. 搭建高一新教师全员培训工作平台。

5."疏通"教师成长通道，搭建教师全员成长平台。

改革骨干教师、教学能手、学科带头人、名教师评选模式，制定具体办法，畅通成名成家通道；建立学科组长、教师校际活动交流机制；开展"三名"评选活动及名师巡回教学演讲活动；开展市级优秀校长、副校长、主任(处室、年级、教研)、教师、班主任评选活动，结集印发优秀事迹材料。

6. 搭建引进经济发达地区优质视频教学教研资源网络平台。

六项行动，推动学校转型发展

赤峰市普通高中将使用基于核心素养下的新课标、新教材，将全面进入"两依据一参考"的新高考，义务教育也将发生一系列深刻变化。面对新形势、新任务、新挑战，我们的教育如何再出发，如何走好脚下的路，必须审时度势，面对现实，读懂现实，找到现实中的根本性问题。只有找到根本性问题，才有希望改变现实。

根本性问题到底有哪些？我们试着从贴近学生来逐一寻找。

第一，就是课堂问题。以灌输控制为主的课堂教学还没有实现根本转型。

第二，就是课程问题。课程建设还在以执行、控制取向为主，规定课程没有开全开齐，课程的多样化、选择性还不够。

第三，就是队伍问题。支撑课堂改革的教师队伍还不能适应课程改革需求，学科建设缺位，现行的培养机制不能从根本上予以解决。

第四，就是管理问题。适应课改需要的体制机制还很落后，保障队伍成长、指导课堂改进的管理者队伍还很薄弱，不能从根本上解决课堂和教师成长问题。

第五，就是评价问题。指向帮助和欣赏的内部评价和导向问题发现和行为改进的评价还没有建立，用分数进行划等、排队，用外在诱惑进行激励和控制的评价方式，依然是主流。评价和课程教学割裂分离现象严重。

其实，这五个问题，是老问题、大问题、难问题。我们一直倡导的"一体两翼三评价"发展策略就是基于核心素养下的新课标、新高考和这些问题而提出的。

一、改造课堂，追求"让教学变成研究"的研究性教学新范式

为什么把改造课堂当作六项行动中的第一项？就是因为，课堂，是教育的核心，是学生成长的主要场所。只有课堂变好了，学校才能变好，整个教育也才会变好。就教师而言，甚至就学校而言，显示其发展成果的唯一表征就是课堂的事实。因此，一切教育思考、教育变革、教育设计、资源配置，必须从课堂这个教育原点出发，倘若不顾或遮蔽课堂这个教育核心区域，必然使其他改革、发展行为沦为盲动，造成巨大的资源浪费，甚至影响一代人。

1. 赤峰市中小学课堂教学存在的根本问题。当前的多数课堂，本质上依然是灌输式的、传递式的、同步式的，即使在改进中，也多停留

在模式的复制和推进上，停留在局部问题和环节的修修补补上，停留在没有指向根本问题的校本教研上，不顾学生学习实际，追求精致严密的教学计划和教学设计，准点完成教学进度，高效完成教学目标。误以为教的进度就是学的进度、教的逻辑就是学的逻辑、教的高效率就是学的高品质。而课堂存在的根本问题没有被找出来，甚至有人指出来也不被认可。比如，我们能读懂课堂吗？学校里，我们离教学很近，但离读懂课堂很远，很多相关人是不愿意研究课堂里的"真实"的；我们离学生很近，但离读懂学生很远，我们懂学生的思维和情感吗？我们可能懂得教学设计，但我们懂得学生学的逻辑吗？因此，必须进行深入的教育启蒙和实践探索，使大家明白当前课堂的根本问题所在以及重建的方向。我们所追求的教学新范式是"让教学变成研究"。

2. 什么让教学变成研究？就是教学与研究一体化，就是让教学的过程变成师生合作探究的过程，变成创造知识和生活的过程，变成问题解决的过程。这个过程，是学生与客观世界和书本、与同伴、与自我三位一体的相遇和对话过程。其标志是，学生不断诞生自己的精彩观念。

"让教学变成研究"，是从以教为中心向以学为中心翻转，具有活动式、协作式、反思式等特点。所谓"活动式"，就是教师组织媒介化的学习活动，从各自呆坐面对文本开动脑筋的"勉强"学习走向活动性学习。即以具体事物、道具为媒介，实现学习和人、物、工具及素材的接触（相遇与对话）。所谓"协作式"，是指学习是借助他人及道具的援助的"伸展及跳跃"，尽可能让学生挑战更高水平的课题。所谓"反思式"，是指摆脱"获得""巩固"等储蓄知识和技能的枷锁，通过交流与展示实现能够表现、分享及品味知识与技能的学习。

3. 为什么让教学变成研究？对此，张华教授有深刻阐释，学科即问题。学科的本质不是固定的结论，而是等待不断探究的问题。学科知识原本是批判性思维的产物和在特定情境中解决问题的结果，同时内在地蕴含着过去探究的过程和方法，又是未来探究过程的原材料。因而，在方法论上，它把教师和学生真实的探究、发明和创造视为基本教学方法。因此，"让教学变成研究"的课堂，所追求的是每一个学生学习经验的效率，而不是教科书的进度的效率。教师的责任不在于追赶教科书的进度，而是丰富每个学生的学习经验。并非追求"优秀的课堂"，而是学习品质的提升。

4. 如何让教学变成研究？具体而言，让教学变成研究的过程，就是创设问题情境，使学生投入其中；引导学生进行自主或协同探究、体验；教师倾听、理解、研究学生的思想和情感，并在对话、讨论中不断把学生思想引向深入；在自我反思及同伴研讨中不断提升自己的思想。

这里需要提醒大家，我们这样提倡，不是要推广一种新的模式，而是从新的价值观、知识观、方法论层面，对当前教学的一种正本清源。什么是教学，什么是学习，什么是课程，这些既是基本教育常识，也是教育核心概念，需要我们超越常识的认识层面，站在杜威、张华、佐藤学的肩膀上，重新思考、重新理解、重新定义，对其本质进行持续追问。我们还可以进一步追问，什么是好的课堂，谁能读懂课堂？学校里，谁能引领课堂？该向谁学习才对？只有在本质上、方向上，弄清楚、想明白，才会产生自主变革和创造的愿望和动力，才会不断诞生教育者的精彩观念和行动策略。

我们所追求的研究性教学，不是模式，也不应该是模式，实践中，可以引导老师们挖掘出课堂中的一些关键要素，如问题与情境、合作与探究、倾听与对话、交流与展示，等等，结合学科特点、教师个人风格，建构每个老师、每个学科、每间教室自己的教学样态。

令人欣喜的是，赤峰红旗中学、林东一中、林西一中等一些普通高中已慢慢拉开了课堂教与学翻转的帷幕，我们期待着这些教育拓荒者们的精彩创造。

二、建构每个学校、教师自己的课程体系，追求"走向创生性课程领导"的育人新模式

尽管进行了多年课程教学改革，受行为主义和科学主义等诸多因素影响，我们对课程的理解误区最大，以为课程建设就是忠实地执行国家

课程，再开发点校本课程。课程的本质是"学习的经验"和"学习的履历"。① 课程开发，即是课程创造，是师生合作创造学习的经验，是在一学年或一学期结束后作为学习的履历而被创造出来的。教师不是被动的课程实施者，而是主动的课程领导者、创生者。一切课程，本质上都是校本的课程。教师的专业成长是在课程创生与领导中实现的。如何建构每个学校自己的课程体系？

1. 明确学校的使命、愿景、价值观和学校、教师、学生发展目标，使之有清晰的表述

建构什么样的课程体系，其依据是学校的办学价值观、发展实际和需求以及育人目标。不少学校对本校的办学理念、教育哲学、育人目标，缺少深入的思考和形而上的追问，只是糊里糊涂地提出了一些似是而非的口号而已。只有想清楚教育到底要干什么，到底要办什么样的学校，到底要培养什么样的学生，学校目前课程教学的根本问题是什么，学校应努力倡导或追求什么，才会有与此相适应的课程体系建构。比如，学校数理师资见长，要在国家基本要求的基础上，办数理教育突出的学校，就需要发展校本化的数理特色课程。再比如，一类高中和二类高中是有显著差异的，因而要有不同的课程体系来支撑。所有这些，校长的课程领导力水平是关键，必须大力实施校长课程领导力建设，提升校长课程建设、实施、评价、研究的能力。

2. 不断创生校本化课程体系，形成课程图谱

这里的"不断"，指学校是动态发展的，课程的形成一定要体现连续性、累积性。所谓学校文化积淀，其意在此。因其"不断"，才逐步有课程图谱的多样化和选择性。所谓"课程图谱"，就是围绕办学理念、育人目标，不断整理、创生新的课程资源，使之结构化、有形化、可操作化。所谓"校本化"，一是将国家课程方案、课程标准、教科书转化为教师和学生自己的课程和经验。这是课程领导与创生的主体。课程创生由

---

① ［日］佐藤学：《静悄悄的革命——课堂改变，学校就会改变》，李季湄译，83-84页，北京，教育科学出版社，2014。

学习经验的"设计"，创造学习经验的"教室实践"，对这种学习经验进行"反思和评价"三者构成。这三者三位一体，是以"教室实践"为中心，同时进行"设计""反思和评价"的。日本佐藤学教授把课程的单元放在"主题·探究·表现"的"登山型"模式（过去是"目标·达成·评价"阶梯型）加以设计。把与对象的接触与对话、与学生的接触与对话、和自我的接触与对话作为单元的单位而加以组织，形成"活动的、合作的、探究的"学习。这代表着未来课程创生的趋势，我市目前一些学校的课程教学中也在进行尝试和探索。对于不同类别的高中学校，要根据生源特点，关注教学起点，调整教学难度和进度，以确保每个学生都有所学习、有所发展。比如，新惠六中等一些二类高中都有积极的尝试。二是为进一步体现教师、学生和学校发展需求而创造的学校特色课程。每一所学校都应积极培育自己的特色课程，在科学、人文、数理、外语、艺术、体育某一个或几个方面形成明显的学科优势，用丰富的特色课程为学生多样化发展提供选择。比如，八里罕中学、天山一中的橄榄球和足球课程，走在全区前列，形成全区高度，使参与学生成批次直升本科院校，既满足了学生成长成才的需求，也成为学校文化精神的标识。

3. 开全开齐课程，确保国家课程意志落实到位

各学科都具有独特的、不可替代的育人价值，同时又具有相互支撑、相互给养的作用。实践证明，那些考什么就教什么的学校可能有优秀率的"佳绩"，但并没有带来教育质量的大面积提升。那些考什么就教什么的老师既异化了学生也异化了自己。因此，必须加强体育、艺术、综合实践活动、信息技术和通用技术等薄弱学科课程建设，开全开齐上好这些课程。

4. 加强综合实践活动课程建设，实现生活课程与学科课程协同并进

学校课程按学习内容分为学科课程和生活课程。生活课程即综合实践活动课程。学科学习，是以学科的内容为核心，把"知识"和"经验"组织成单元的学习。综合实践活动学习，是以现实生活的主题为核心，把"知识"和"经验"组成单元的学习，主要是解决教育与生活割裂、学生与

课程对立的问题。

综合实践活动课程学习，直接面对生活问题与情境，最有利于培养学生的探究兴趣、探究能力和问题解决能力，并有利于向学科学习中迁移。因此，学校应努力建设、实施好综合实践活动课程，与学科课程相互支撑、协同并进，实现学科探究与生活探究一体化的"课程连续体"，推动学校教育朝着整体转型方向发展。实践证明，越是薄弱学校，越应重视综合实践活动课程建设。

2017年，教育部专门印发了《中小学综合实践活动课程指导纲要》。各地、各校要充分认识到综合实践活动课程的重要性，加强组织、培训和实施。

5. 面向新高考，重建新的课程教学管理制度

认真研究新高考政策，根据我市实际，可积极探索"选科组班＋选课走班"相结合的课程教学管理制度。提前调研新高考制度下教师专业结构和数量的变化，以及教室、场馆的新需求，做好相应物质准备。加强学生生涯规划教育，构建由"人生生涯规划""职业生涯规划"和"高中三年学业规划"三个层次组成的指导系统。推进各学校建设好学生发展指导中心，打造一批职业生涯规划指导教师，建立开放的生涯教育体系，包括生涯课程、生涯实践基地、生涯讲坛、咨询指导、学科渗透等。

三、建立校长、教师"读书—实践—写作"教育生活方式，追求"让每位教师成为反思性实践家"的教师成长新路径

1. 进一步提高对这项工作重要性的认识

"读书—实践—写作"教育生活方式，只要教师需要成长，需要过上有创意的教育生活，就是绕不过去的成长路径。如何理解这一生活方式？实践，是核心。读书、写作是两翼。实践，本质上是目的性的对象化活动，在创造课堂、创生课程中，创造自己。实践意味着教师教育行为具有探究性、创造性和反思性，意味着教师不断成为课程创造者和反思性实践家，意味着实践的过程，就是教师专业成长的过

程。进而言之，就是我们所极力倡导的：让教学变成研究，让每个老师成为课程创造者。校长主要实践什么？让学校变成学习共同体。如果实践主要是教师与课堂与学生对话，那么读书、写作本质上是分别与他人和自己对话。如果实践是在"让教学变成研究"中不断做自己、创造自己，那么读书就是学习别人，写作就是学习自己，最终都是为了做自己。

2. 建立"读书—实践—写作"推动机制

要大力倡导"知己知人，成己成人"的启蒙理念，制定"读书—实践—写作"活动工作方案及长效推动机制，确立教师个人实践主题、阅读书目和基本写作要求。指导教师阅读好三类书：学科经典、教育经典、人文经典。这三类书分别指向读懂学科、读懂教育、读懂人和社会。比如，倡导读好教育经典，是要提高我们的教育理论素养。理论概念是我们思考的工具，缺少这个工具，我们如何思考得深远？每个学校都要建立教师博客平台，开展优秀教育博客评选活动。以课程开发、课题研究为驱动，改变读书、实践、写作相分离的状态，形成"读书—实践—写作"三位一体的生活方式。校长及班子成员要带头做，真正成为教师引导者和对话人。

3. 把开展"读书—实践—写作"活动变成对老师进行启蒙的过程

一是觉悟启蒙，就是让老师自觉自己存在的应然状态，就是自觉改变现实的行动，在改变教育中理解教育，在行动中不断扩充创造力和想象力的空间，就是与经典和大师对话的精神开放和接纳行动(读书)，就是不断反思自己、渴望表达自己、整理自己的行动(写作)，就是追求专业成长和生命创造。二是学术启蒙，在读书中把专业术语、专业名称把握为概念。在实践中，用行动诠释概念，创造自己的成果。在写作中，学会用自己的语言表达自己的行动。

4. 办好校内、校际"读书—实践—写作"成果展

学校围绕"六项行动"，预设各类有形成果，持续促进成果的过程性生成，提高行动中的反思意识和质量意识。每年，每个学校要推出一批优秀课堂、优秀课程，至少形成一本属于自己的优秀成果文集。市教育

局将征集、评选各校优秀成果，出版《赤峰教师成长文库》，评选年度优秀读书人物，开展"读书—实践—写作"征文活动和演讲比赛，不断搭建教师发展平台，开启老师们新的专业发展空间，引导老师们成名成家。

四、改进学校内部治理结构，追求民主型、学术型的学校治理新体系

这个问题，尽管倡导了几年，多数学校管理还是以科层化、控制化的行政型组织为主，缺少民主和互动，缺少倾听和尊重，缺少帮助和引领的能力，与学校作为成长人、发展人的育人场所是背道而驰的。这种行政性组织常常以牺牲"做对的事情"为代价，不断强调"把事情做对"，由此导致学校"价值缺位"，即学校对自己所追求的价值视而不见，让工具性的过程和程序本身成为目标。课程改革之所以难于推进，教师之所以难于成长，以学为中心的课堂之所以难于形成，与此关系甚大。

1. 如何理解民主型、学术型的学校治理体系

先说民主。杜威说，民主主义不仅是一种政府的形式，他首先是一种联合生活的方式，是一种共同交流经验的方式。[①] 民主，意味着倾听和尊重，只有倾听老师，才能理解老师、理解老师的理解，进而有效进行管理和帮助；只有尊重老师，让每个人觉得自己重要，才能使每个老师由工具性的存在变成目的性的追求，进而最大限度地发挥老师的潜能和创造性。民主，意味着校长、教师之间，是积极互动、彼此理解、共同协商、合作建构意义的过程，校长是在帮助教师的成长中实现自己的专业成长的。

再说学术。我们提出，让学校管理直接指向课程、课堂及教师的专业成长，或者说，把管理变成帮助教师成长。试想，一所学校，天天谈管理，课堂、教师却没有丝毫变化，这样的学校管理还有意义吗？这要求以校长为首的学校管理者必须拥有专业高度和学术水平，必须能够引领学科建设和课堂改进。否则，学术型、民主型的组织是不可能建立起

---

① 参见约翰·杜威：《民主主义与教育》，王承绪译，97 页，北京，人民教育出版社，2001。

来的。上面提到的林东一中等一些学校，其管理若不是民主的、学术的，如何有明显的课堂转型？

民主型、学术型学校治理体系下所追求的，就是 21 世纪学校教育新哲学理念——学习共同体。如佐藤学教授所言，"学习共同体"的学校，是培育学生互相学习的学校，是培育教师身为教育专家互相学习的学校，是家长及地方居民协力参与学校改革、互相学习的学校。其公共使命就是不放弃任何人，保障每个孩子的学习权利，提高其学习品质，为建设社会做准备。

2. 如何建设民主型、学术型的学校治理体系

一是加快学校章程的制定和运行，将民主、学术的理念纳入依法治校的轨道。充分发挥好教代会、校务委员会、党总支、学术委员会、学生会、家长委员会及每个教师和学生的主体作用，形成学校多主体的治理格局。尤其是凸显学术委员会在教育教学改革、管理、教师评价、职称考核、岗位聘任等方面的作用。

二是减少管理层级，下移管理重心，实施副校长直接管理年级或中层部门的运行机制。整合、改进中层部门职能，建立各职能部门间的横向沟通和协调机制。改进年级部管理和学科组建设的关系，实现管理与教学、教研并重，融为一体。比如林西一中、天山一中，副校长既教课、当班主任，又直接管理年级，在教学和班级管理中，为全校教师起了领航作用。

3. 建立学科建设和校本教研机制，形成运行常态

一个成熟的学术型管理组织的重要标志，就是让学科建设和校本教研成为学校运营的主旋律。其主要做法，就是打开所有教师的教室，开展基于学生学习观察的课例研究，形成教师相互学习的同僚关系。试想，若教师们或个人反思，或同伴互助，天天实践"让教学变成研究"，天天进行课例研究，天天过"读书—实践—写作"的教育生活方式，如此日积月累，课堂如何能不发生变化？教师想不成长都不可能。在学科建设中，学校要增强问题意识，可借助外力，引导各学科找到课程教学中存在的根本问题，然后把问题转化为课题，开展行动研究。这里如此强

调，是因为很多学校不知道自己的根本问题是什么。基于核心素养的课程教学改革，可围绕如下三个领域的问题开展行动研究：基于学科核心素养的校本课程建设研究，基于学科观念的课堂教学重建研究，基于学科实践的教学评价研究。

五、建立和完善学校内部评价体系，追求"让评价变成欣赏和帮助"的教育新境界

几年来，市教育局不断完善中考、高考质量监测分析制度和学年联考增值评价制度，今年又开展了初一年级的基线测试。这些都属市教育局对旗县区和学校的外部评价，旨在监测的基础上，进行分析和改进。倘若仅仅停留于纵向排序和层层的压力传导，不但与质量监测的主旨相背离，还可能会带来应试教育的升级和学生更大强度的课业负担。因此，各地各学校一定要正确使用这些数据，提高专业解读和专业使用能力，并对接学校的内部评价。

1. 建立基于欣赏和帮助的学校内部评价制度

所谓学校的内部评价主要是指由学校或教师、学生自己实施的，基于课堂、课程和学生学习事实的，指向学校、教师和学生发展的学校内部评价体系。在研究性教学里，教、学、评，三者应该是三位一体的、有机融合且相互影响相互调节的。教师在与学生的合作探究中，在倾听学生的理解中，在学生的展示交流中，在研究学生中，同时就发生着最自然、最真实的欣赏和帮助，也就是评价。当我们走向"让教学变成研究"之时，就已内在地蕴含了教学评的一体化。

在学校管理中，若校长积极推进基于课堂观察的课例研究，不断深入课堂、研究课堂，不断欣赏和指导着教师的成长，这种"让管理直接指向课堂课程和教师的专业成长"，就实现了我们所倡导的"让评价变成欣赏和帮助"。当然，在评价中，校长基于什么样的教育价值观、知识观和方法论，是传递式教学，还是研究型教学，其"欣赏和帮助"的策略是大不一样、甚至是相反的。

2. 对接内外部评价，发挥数据对教育行为的改进功能

如果说，外部评价显示我们"在哪里"，那么内部评价应该回答出我们为什么"在那里"。比如，尖子班的学生成绩，受诸多因素影响，老师的作用到底有多大，学生的潜力是否得到充分的发挥，若只看外部评价的数据，是不全面的，只有同时进入课堂，观察学生学习的事实，才能做出有效评价。这些基于课堂观察、基于学生分析的"内部评价"若和上面提到的"外部评价"进行对接分析，就会发现问题，找到改进策略。这才是全面的、有效的评价。

当然，评价种类很多，有终结性评价，如中高考；有过程性评价，如课堂观察、小测验等。特别是学生成长档案袋，以及学生综合素质评价制度，随着新高考的到来，已势在必行。学校、教师应综合分析这些数据，看到数据之间的逻辑关系，看到数据背后的教育行为，看到教育行为背后的教师和学生成长。当数据和人、和人的成长链接的时候，我们的量化数据、质性评价才有更大的教育意义。

3. 教育评价需与教育转型携手并进

进一步改进教育外部评价制度，在量化数据的基础上，提高质性研究的专业水平，适当引导学校内部教育转型。若课堂教学、学校管理没有实现根本转型，具有独立教育价值的学校内部评价往往是无效的，甚至是缺位的。因此，必须建立"教、学、评"合一的学校内部评价制度。我们大力倡导的"六项行动"，也必须综合实施，携手并进，才会慢慢实现教育的转型。当学生学习走向协同探究、问题解决之时；当教师把教学变成研究，把"读书—实践—写作"变成生活方式之时；当学校把行政性组织变成学习共同体之时，基于欣赏和帮助的评价理念已深深蕴含其中。

以上讲了五个问题，和六项行动对照，似乎少了一个。其实是把学科建设融入了其他几个问题中。无论是五个问题，还是六项行动，都是从分析的角度、力求深入地把我市教育内涵发展的走向说清楚。我们还需要回到教育出发的原点，只要我们是文化意义上的"人"，只要我们眼里有"人"，心中有"儿童"，课程里有"童年"；只要我们有对真、善、美

等价值的守护，有对自由、平等、公正等行动观念的守护，有对民主、尊重、倾听等教育常识的守护；只要我们坚信没有爱就没有教育，没有兴趣就没有学习，学生成长在活动中，那些教学之法、管理之术都会升华为"率性之道，修道之教"。

我们期盼着赤峰教育不断展现出迷人的风景：让教学变成协同研究；让每个学生的学习成为合作创造知识和不断诞生精彩观念的过程；让每个老师过上"读书—实践—写作"的教育生活，成为课程领导者和反思性实践家；让管理和评价变成帮助和欣赏；让学校成为校长、教师、学生、家长相互学习，合作共生的学习共同体。

实施"一体两翼三评价"，建设学习共同体

第一部分　行动背景

探索"实施'一体两翼三评价'、建设学习共同体"的学校内涵整体发展策略，是基于对教育大历史、现实根本问题和未来新发展趋势的深度把握做出的审慎选择。"大"，大在教育发展的大脉络、大趋向是什么，认清教育大历史，知道我们从哪里来，从而产生敬畏心，决定我们行动的背景；"根本"，根本在那些形形色色的诸多问题背后的元问题是什么，挖出根本问题，知道我们在哪里，从而产生谦卑心，决定我们行动的起点；"新"，新在新的国家意志和国际潮流是什么，顺应新形势，知道我们去哪里，从而产生进取心，决定我们行动的走向。

一、看清教育大历史

杭州师大张华教授把世界教育的历史大致划分为四个阶段。

第一个阶段是古代教育，孔子和苏格拉底的教育思想可为代表。第二阶段是16世纪的文艺复兴教育，其特征是教育中人性与人文精神的觉醒。但同时，夸美纽斯发明班级授课制，开始追求高效传递外部知

识。第三个阶段是 18 世纪的启蒙教育，其特征是教育中个性与理性精神的觉醒。但同时赫尔巴特也把夸美纽斯的班级授课制发展到新阶段，即把一堂课划分为固定环节传递知识。这个阶段处于工业化运动背景下，教育出现生产化、加工化特征。教育中的"工厂模式"开始诞生。第四个阶段是 20 世纪的民主教育。杜威是这个阶段的集大成者。他超越了启蒙时代，引领了进步教育运动，让教育的卢梭时代进入了杜威时代，实现了教育再启蒙、民主化和现代化。[①]

纵观世界教育发展史，反思自我，我们走在了哪个阶段？可能还没有真正跨入第四个阶段。

总结我国现代课程改革的经历。一是 2001 年基础教育课程改革启动。二是 2014 年基础教育课程改革"再出发"。

无论是国内国外，还是古代现代，教育发展的经历和脚步，都是我们行动的镜子和坐标。

二、理清教育的根本问题

无论是学生的学习，还是教师的教学，抑或是校长的管理，本质上都是基于真实生活情境的实践活动、创造活动、审美体验活动、问题解决活动。

首先，很多管理者和教师不知道教育的根本问题所在，这是最大的问题。

他们牢牢地坚守"过去"。认为应试教育背景下只能传递灌输，机械训练，认识不到这一做法的危害所在。认为需要改进的主要是方法、技术和手段。

他们把学校领导、班级领导、学科领导矮化为管理主义、技术主义和训练主义，陷入模式崇拜、技术崇拜和训练崇拜。如不断走出去，引进外面的技术和模式；如全校统一的"五环教学法"，学校管理的"课堂

---

① 杭州师范大学教育科学研究院院长张华 2019 年在由文汇讲堂、复旦杜威中心以及华东师大出版社联合举办的"跟随杜威看百年中国变化"立体读书会上的演讲内容。

升级达标活动"；等等。

其次，很多管理者和教师不知道自身的根本问题所在。

很多管理者和教师只为了中高考、为了谋生等目的，忙于"成长"学生，长期被异化为没有反思的机械劳动者而不自知，常常满足于短期内的"小名利"，自身生命价值长期被遮蔽。

很多管理者和教师长期认为自己是"自足"的，很少反思自己，不知道自己的专业缺陷及自身的实践能力问题，常常抱怨外在的客观因素。只有真的教与学的实践，才能实现学然后知不足，教然后知困。

很多管理者常常以控制式的"行政管理"代替课程领导和专业指导，却又不自知。有多少校长能读懂和指导课堂？有多少校长能读懂和指导课程建设？有多少校长能指导和帮助教师、学生成长？

很多管理者和教师经验主义严重，常常比学生更不爱学习，对诸如什么是真正的教育、教学、学习、课程、管理等核心观念，不能也没有耐心从概念层面去反思理解，从操作层面去实践和改进。

再次，管理者不知道学校变革的根本问题所在。

他们没有把一把手校长带头设计、指导、推动改革作为学校变革的前提；没有把课堂转型和教师成长作为学校改革的核心和逻辑起点，常常"绕"开核心问题追求所谓的"严细实活"。没有把专家全程有逻辑的融合式参与改革，作为改革的关键要素。没有把课程、课堂、教师成长、管理、评价等作为教育生态诸要素进行"一"的统筹设计和整体改革，使之相辅相成。常常做不相关的"多"，却掩盖了教育的"一"。没有把校本教研作为学校管理的主旋律，大量的无效的行政管理活动挤压了教师的时间。没有指向课程教学变革的管理必然流于形式化、虚假化。没有把"尊重、民主、探究、协同、创造"等这些关键元素纳入学校文化建设的核心。学校文化尚停留在"勤奋""苦学"和"严管"的励志和控制层面。

三、认清教育发展新形势

首先，国家基于核心素养的课程教学改革早已启动。2014年教育部印发了《教育部关于全面深化课程改革 落实立德树人根本任务的意见》，这是启动的重要标志。接着，2017年教育部印发了关于《普通高中课程方案和语文等学科课程标准(2017 年版)》的通知，这标志着基础教育率先在普通高中阶段进入基于核心素养的课程教学改革的操作层面。2019 年，国家连续印发了《国务院办公厅关于新时代推进普通高中育人方式改革的指导意见》《中共中央国务院关于深化教育教学改革全面提高义务教育质量的意见》。从课程改革的角度说，体现了国家面向整个基础教育持续推进的意志和信心。

其次，国内外课程改革行动风起云涌。诸多发达国家，均以国家或地区教育政策形式进行学习共同体的改革，并取得卓越成就。国内一些地区也在积极变革，风景无限。上海学习共同体研究院聚焦"课堂"，以行动研究的方式不断进行理论和实践的创生和转化。

就我市而言，很多地区和学校一把手有主动变革的强烈愿望。管理者、老师和学生们只要不断用研究的方式进行真实地实践，进行真实地问题解决，天天在研究中成长和创造，就不存在改革的"失败"。目前，我们初步拥有引领区域改革的专业人员和教学人员。上海学习共同体研究院一直在帮助和鼎力支持，国家层面一些知名专家、学者也对我市进行持续的支持。当然，我市作为经济欠发达地区，校长、教师的整体素质有待提高，大校额、大班额现象突出，学校远离科研院所，整体专业力量薄弱。

第二部分 行动策略

坚持国际视野、问题导向和本土行动，探索经济欠发达地区基础教育的转型升级之路。重新定位赤峰基础教育，再出发，聚焦课堂，以推进课堂转型为核心，整体推进赤峰市基础教育育人方式转型、教师成长方式转型和学校管理方式转型，建构"整体实施一体两翼三评价，建设学习共同体"系统改革策略，保障每一个孩子实现高品质学习，保障每一位校长和教师在行动研究中卓越成长，保障每一所学校形成和谐健康的教育生态。

一、构建模型

选取课堂、课程、教师成长、校本教研、管理、班集体建设、评价等七个关键要素，进行"一体两翼三评价"和"学习共同体"的系统架构，形成学校和区域的改革逻辑。

（一）实施"一体两翼三评价"（如图 4-1）

"一体"，即以课程教学为核心，实施课程教学改革，保障每个孩子平等的高品质学习。

"两翼"，一是学校管理方式转型；二是教师成长方式转型。

"三评价"，即改进对学校的评价，改进对教师的评价，改进对学生的评价。

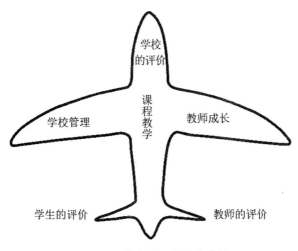

图 4-1　一体两翼三评价结构图

（二）建设"学习共同体"

建设学生互相学习、合作探究的学习共同体课堂；建设教师身为教育专家互相学习的学习共同体学校；建设家长协力参与学校改革、互相学习的学习共同体学校；建设校际、学段之间协同互动、相互学习的区域学习共同体。

学校学习共同体建设的逻辑是，以课堂为核心，形成由内向外次第展开的"四个同心圆"以及由外向内循环互动的旋涡式结构：课程教学，校本教研，学校管理，专家互动指导（如图 4-2）。评价蕴含在每个同心圆之中。围绕课堂转型和教师成长，实现课堂与课程、教研与成长、管理与指导的相互促进和校长、教师、专家的有效互动。

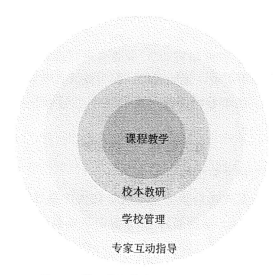

图 4-2　学习共同体建设学校行动逻辑图

区域学习共同体建设的逻辑是，围绕课堂转型，推动学校转型和区域教育转型，实现局长、校长、专家的有效互动。

二、开展"六项行动"，追求"六个转变"

(一)改变"传递式"课堂，追求"让教学变成协同研究"的研究性教学新范式。

(二)改变"教教材"的传统课程观，追求"创生性课程领导"的育人新模式。重构课程，推进单元型、主题型、项目型课程建设，推进学科课程、跨学科课程、综合实践活动课程建设，建构每个学校、每个老师自己的课程体系。

(三)改进学校、班级控制式管理结构，追求体现民主型、研究型、创造型文化的学校、班级治理新体系。

(四)改变"观摩—评价—建议"的听评课范式，建立"观察—描述—反思—改进"的校本教研新范式。

(五)改变教师不实践、不读书、不反思的工作状态，建立校长、教师"读书—实践—写作"教育生活方式，追求"让每位教师成为反思性实践家"的教师成长新路径。

（六）改进学校内外部评价体系，追求"让评价变成欣赏和帮助"的教育新境界。

上述之所以称之为"六项行动"，其关键在"行动"，在问题解决，在行动研究，在行动中成长，教师成长、校长成长、学校成长，在行动中形成生命自觉。一切学校内部改革的答案，一切成长与发展，都在行动中。

<h2 style="text-align:center">第三部分　工作实施</h2>

一、教育局及研究院工作

（一）成立学习共同体内蒙古分院组织机构：领导小组，职能机构，组建专家团队（课程类；学科类），建立常态联系和指导制度。

（二）研制项目总方案、分项方案。成立各分项方案指导组；研制区域、学校工作总方案和子方案。

（三）精选实验区、实验学校和实验教师（争取幼儿园和民办学校加入），成立区域和学校发展联盟，成立乡村小规模学校发展联盟，召开联盟大会。

（四）建立研究例会制度。

每年举办一次论坛或峰会，进行年度总结、交流和推进；

每学期举办一次课堂及课程建设研究会；

每学期举办一次"读书—实践—写作"交流会；

每学期举办一次学校管理及评价转型研讨会；

定期召开区域或学校"六项行动"座谈会，协商问题解决方案。

（五）分专题、分模块开发培训课程。

一是通识性专题讲座课程，如"'一体两翼三评价'方案解读""走向深度学习的教育""如何设计学例案""走向协同研究的课堂实践"等。

二是学科理解课程，如语文"教学有法——从体裁出发的行动研究""全阅读课程"等。

三是参与式培训课程，如实验学校外出考察学习，课堂观察研讨等。

四是研制实验教师必读和选读书目，编辑学共体阅读手册。

（六）实验资料的收集和整理。研究院、区域、学校及时积累、整理各项目、各模块有价值的图片、视频资料等，有代表性的案例，并及时编辑成案例文集。

（七）宣传与交流。建立微信公众号，办好《学习共同体研究院内蒙古分院》院刊，及时报道和总结成果。

（八）申请课题立项；满三年进行周期性总结，组织专家课题验收。

（九）申请真爱梦想公益基金会基金支持；申请学习共同体研究院的专业支持。

二、实验区和实验学校工作

（一）成立实验区和实验学校工作领导小组，建立相应职能机构，组建专家团队，建立常态联系和指导制度。

（二）研制项目总方案、分项方案。成立各分项方案工作组；研制区域、学校工作总方案和子方案。

（三）召开项目启动会。确定领航学校，领航教师。

（四）从课堂实践、观察、研究切入，聚焦什么是教学，什么是深度学习，什么是课程，什么是教研，什么是管理等教育大问题，大力度、多角度、连续性进行理论启蒙和体验式培训。

（五）实验区及学校"六项行动"常态实施。从课堂转型切入，不断聚焦问题，不断总结反思。

（六）项目负责人和专家全程（定期和不定期）进行互动式指导。

（七）阅读指定书目。

（八）学校定期或不定期举办"六项行动"研讨会、报告会。原则上每学期不少于两次。

（九）实验教师及时积累、整理实验研究的各种有价值的图片、视频资料等。

（十）区域、学校及时积累和整理各项目、各模块有代表性的案例，并及时编辑成《案例文集》。

（十一）每学期做好阶段总结，每学年做好年度总结，召开总结会；满三年进行周期性总结，组织专家进行课题验收。

第四部分　未来成果预期

一、教学走向协同研究，形成探究式、协作式、体验式的课堂生态。

二、每个学校建构出自己的课程体系，每个老师成为课程创生者，单元型、主题型、项目型、融合型课程建设初步形成，学科课程、跨学科课程、综合实践活动课程建设均有实质性进展，向着"创生性课程领导"的新育人模式迈进。

三、教师不断成为反思性实践家，"观察—描述—反思—改进"和"读书—实践—写作"的方式，成为教师生活常态，不断支撑教师主动成长。

四、学校管理实现根本转型，指向激发人的创造性，指向促进、帮助教师成长和教学转型，体现民主型、研究型、创造型文化的学校治理新体系初步形成。

五、学校、教师、学生评价变成欣赏和帮助，变成问题发现和行为改进，初步实现"教、学、评"一体化。

六、形成区域有机的教育生态，学生综合素质显著提升。

七、形成标志各项工作成果的论文、著作、实践案例。成果以文字、图片、音频、视频等形式呈现。

第五部分　工作保障

一、成立区域项目领导组织，进行全程领导。

二、建立区域和学校扶持机制，充分发挥领航学校和教师的领航性和创造性。

三、确定有专业权威的项目推进及指导组织，建立区域、学校日常联系制度。赋予项目主持人正当而必要的工作权利，如推进工作的设计、指导、活动开展、聘请人员及协商基础上的调整等。

四、优化学习资源。依托本地校长、教师和专家结成学习共同体；依托张华、佐藤学等国际顶级课程专家；依托真爱梦想基金会及学习共同体研究院陈静静院长团队；依托王尚志、王宁等国内顶级学科专家；依托国内学习共同体领航学校、领航教师，结对共建。

五、争取资深教育媒体人及国家级核心期刊对项目推进的全程参与，进行经验总结、提升、传播。

六、区域必要的政策及经费支持。

区域学习共同体建设的行动构想——核心素养时代基于学生深度学习的区域教育生态重构

一、区域学习共同体建设的提出

当前基础教育存在的问题之一，是虚假学习、虚假教研、虚假管理的存在。其深层原因是：学习与真实问题和同伴互动分离；教学与探究和创造分离；课程与儿童经验和社会生活分离；教研与学习和儿童分离；教师成长与教学研究和自我反思分离；管理与课程教学和研究分离；评价与教和学分离；改革与行动研究和个人成长分离；学习、教学、课程、管理、教研、评价相互分离(生态问题)。

面对这些问题及原因，面对人工智能时代的到来和学生核心素养目标的提出，区域教育如何发展？教育质量如何提高？核心素养目标如何落地？学生深度学习如何发生？一个地区的教育，仅从某一个方面进行改革难以解决根本问题，必须从影响整个基础教育的全方位、全要素出发，进行系统设计、整体行动，即重构区域的教育生态。如何重构区域的教育生态？建设学习共同体。

学习共同体最早由杜威提出。什么是学习共同体？"学习共同体"(learning community)或译为"学习社区"，是支撑以知识建构与意义协商为内涵的学习的平台，其成为信息时代知识创生的社会基础，强调人际心理相容与沟通，在学习中发挥群体动力作用。

如何理解学习共同体建设？几年来亲身实践的体悟如下。

最具教育之核心价值——民主、尊重、倾听、对话。

最具教育之本质属性——主客二元走向关系互动(教师、学生、学科、社会生活）；原子化个人走向合作共生；传递接受知识走向探究创造知识。

最具广延的关系建构——同伴、同事，到小组、到班级、到学校、到区域。

最具创造的教育生态重构——对课堂、课程、教学、管理、评价等10个教育关键要素重新定义，用行动做出创造性诠释，在教育即生活的实践中用新的关系实现生态重构。

最具理想的生命实践——理想，是求真，是发心发愿，是对残缺现实改造的愿望，是用生命活动去探究、体验生命自身和教育的真相。

最具终极的育人指向——保障每一个儿童和教师的学习权，把每一位儿童培养成负责任的创造者。

"学习共同体"是我们的行动之"名"，是我们的教育哲学，是我们的存在之家，要通过我们的行动，使之实至名归。你可以不叫这个名，但你的行动要体现教育的核心价值和深层本质。

基于以上理解，可以对区域学习共同体建设提出如下思路。

以习近平总书记关于教育的重要论述为指导，围绕立德树人根本目标，坚持国际视野、问题导向和本土行动，探索经济欠发达地区基础教育的转型升级之路。重新定位区域基础教育，再出发，聚焦课堂，以资源供给为保障，以机制创新为动力，以课堂转型为核心，整体推进赤峰市基础教育育人方式转型、教师成长方式转型、教育教学评价方式转型、学校管理方式和教育行政管理方式转型，重构基于核心素养时代学生深度学习的教育生态，实施"建设学习共同体，办'一个都不能少'的真教育"的十大行动。保障每一个孩子实现深度学习，保障每一位校长和教师在行动研究中卓越成长，保障每一所学校形成学习共同体。

二、区域学习共同体建设的行动指向

教学走向协同研究，形成探究式、协作式、体验式的课堂生态，每个学校建构出自己的课程体系，每位教师成为课程创生者，单元型、主题型、项目型、融合型课程建设逐步形成，学科课程、跨学科课程、综合实践活动课程建设均有实质性进展。教师逐步成长为反思型实践者，"观察—描述—反思—改进"和"读书—实践—写作"的方式，成为教师职业生活常态，不断支撑教师专业成长。学校管理实现根本转型，指向激发人的创造性，指向促进、帮助教师成长和教学转型，民主型、研究型、创造型文化的学校治理体系初步形成。学校、教师、学生评价变成欣赏和帮助，变成问题发现和行为改进，初步实现"教、学、评""管、研、评"一体化，形成基于学生深度学习的教育生态，每个学生的学习权得到有效保障，综合素质显著提升。

三、开展学习共同体建设"十大行动"

把目标转化成任务，把任务转化为行动，把行动变成协同研究和问题解决。

行动之一：重建课堂教学的逻辑，构建"让教学变成协同研究"的教学新生态。

改变"传递主义""训练主义"的储蓄式教学，让教学变成协同研究。持续推进课堂转型，使教学的过程变成师生协同研究的过程、问题解决的过程和创造新知的过程。引导每个教师把握问题与情境、协作与探究、倾听与对话、交流与展示等教学基本要素，逐步创生出自己的课堂生态，让课堂真正走向问题导学、情境启学、同伴助学、探究思学。

改变控制性、孤立性和训练化导致的被动学习、虚假学习、浅表学习现状，改变以储蓄、记忆、模仿外部知识与技能为主的学习者角色，基于"学会关心""学会思维""学会对话"等学习哲学，走向以"协同学习""项目学习""问题学习""服务学习""体验学习"等为核心的深度学习，让学习过程成为真实的探究和创造过程，让学生采用学科专家的态度、方式、方法和实践去探究学科，发展学科思维与学科理解。

各级教育部门重新制定各类课堂教学竞赛、学科带头人和教学能手的评选标准和评选办法，引导教师把教学变成协同研究，为课堂教学转型提供方向和引擎。

行动之二：重建班集体建设的逻辑，构建"一个都不能少"的班级学习共同体。

改变以约束、排队、奖励、惩罚等方式为主的控制式管理和竞争式学习倾向，把立德树人，保障每一位学生的学习权，培养负责任的创造者作为班级管理、教育教学的核心目标和根本任务，建构安全、民主、平等、互助、共生的新型人际关系，建构自主、合作、探究的学习文化，建构学生自治、师生共建、协商协作、集体审议、民主法治的班级治理体系和文化，让班级成为师生、生生、师师之间倾听与对话、成长和创造的学习共同体。

推进班级和学校学生自主管理机制的建立。鼓励、支持学生参与教室学习、校园活动等各种公共生活的规则制定和秩序治理。建立支持学生自主管理的指导、评估、激励机制。建立对学生的责任意识、自主能力、组织能力等基本公民素养的培养和评价机制。引导学生从参与学习逐步转向主导学习，真正实施学生学习及学校生活的自主治理。

开展"一个都不能少"未成年人保护和成长行动。以持续建设"在校重点关爱学生动态监测数据库"为管理平台，加强对留守儿童、困境学生、学习困难学生、贫困学生、品德行为偏差学生的保护和关爱。推动家校共同体建设，努力发现并切实尊重学生个性差异，帮助学生合理规划人生，实现健康发展。积极开展儿童防性侵教育、校园防欺凌教育、自我防护教育、环境保护教育、垃圾分类教育等，在学校、家庭、社区等更大范围构建合作互助关系，培养学生成长为优秀公民的良好素养。

启动实施"名班主任"培育和评选工程，制定《赤峰市中小学名班主任培育工程实施方案》《赤峰市中小学名班主任评选标准》。

行动之三：重建学生知行的逻辑，构建"实践性德育"的育人体系。

改变抽象说教、远离生活实践的教育倾向，重建知行关系，实践"行是知之始""教育即生活""做中学""创中学"的理念，打通书本教育与真实生活、学校教育与社会实践的界限，优化学校整体课程结构，建构"实践性德育"课程体系。强化学科实践、主题实践、劳动实践、研学实践等各类活动。丰富德育内容，做好理想信念教育、社会主义核心价值观教育、中华优秀传统文化教育、生态文明教育、心理健康教育。拓宽德育实施途径，全面实施课程育人、文化育人、活动育人、实践育人、管理育人、协同育人。

上好思政课，进一步推动习近平新时代中国特色社会主义思想内化于心，外化于行。上好劳动教育课，落实《中共中央国务院关于全面加强新时代大中小学劳动教育的意见》，统筹家务劳动、校内劳动、校外劳动，确保中小学校内劳动教育课每周不少于1课时，并对学生每天课外校外劳动时间做出规定。加强研学实践教育基地（营地）课程资源和服务平台建设，遴选推广典型线路，保障研学实践教育活动常态化运行。加强中小学安全教育，增强师生安全意识和能力。采取积极有效措施预防和控制校园欺凌事件。建立家校协同育人机制，引导家长遵循规律、尊重孩子、尊崇学校。构建社会共育机制，争取家庭、社会共同参与和支持学校德育工作。

落实教育部《中小学德育工作指南》，制定《中小学德育工作指导意见》，构建方向正确、内容完善、学段衔接、载体丰富、常态开展的赤峰市德育工作新体系。

行动之四：重建课程的逻辑，构建基于素养本位的创生性课程新体系。

改变知识本位、课时本位、学科本位、考试本位的计划性课程，创造基于素养本位的单元型、主题型、项目型、综合型的创生性课程。推进国家课程的校本化创生。推进学科课程、跨学科课程、综合实践活动课程建设。推进单元型、主题型、项目型课程建设。让一切课程在横向上互动、融合，形成有机整体；使所有课程基于螺旋式上升的原则进行纵向组织，促进学生探究能力和核心素养的持续发展。每所学校、每个班级、每个教师建构自己的课程体系与课程文化，让每个教师成为课程创造者，形成"创生性课程领导"的育人新模式。

以教育部《中小学综合实践活动课程指导纲要》为指导，探索赤峰市各地区、各学段综合实践活动课程样式，形成学科课程与综合实践活动课程协同互动的育人体系。积极开展研学实践活动，并将其纳入综合实践活动课程体系，制定研学实践活动方案及配套制度，提高研学实践质量，形成活动常态。推动校内课后服务工作扎实落地，形成"一校一案"

校本化课程和长效运行机制。加强普通高中学科建设，实施"学科专家"培养计划和初高中拔尖创新人才培养计划，探索实施普职融通教育和小语种教育。

行动之五：重建教师成长的逻辑，构建校长（园长）、教师"读书—实践—写作"教育生活新方式。

改变校长（园长）、教师不实践、不读书、不反思的现状，引导每一位教育工作者成为反思性实践者和终身阅读者，使每一位教育者的生活回归其实践本质、反思本质、创造本质。兼顾好实践、读书、写作三者的关系，让实践指向"教学即协同研究"和课程创造，让读书指向三类经典（学科经典、教育经典、人文经典）的批判继承和学以致用，让写作指向持续的教育叙事、自我反思和专业建构，让三者由不相关的分离状态走向彼此养育的三位一体生活方式。

各级教育行政部门和学校要不断创新和完善"读书—实践—写作"教育生活新方式的保障机制，定期开展研讨会、推进会、展示会等。继续开展"三名"（名学校、名校长、名教师）评选活动。

行动之六：重建教学研究的逻辑，构建"观察—描述—反思—改进"的校本教研新范式。

改变以评价别人为主的"观摩—评价—建议"的传统听评课模式，改变以"教的逻辑"为主要研究对象的虚假研究，基于"教学即师生协同研究"的关系教学论，建立以研究学生的学习和反思、改进自我为主的"观察—描述—反思—改进"的教学研究新范式。每所学校都要在实践中建立自己的课例研究制度。各级教育行政、业务部门做好相应的指导工作和制度建设。

探索建立学校德育研究、班级管理研究、个案研究等各种教育研究的运行机制。处理好"教书"和"育人"的关系，切实把"教书"落实在"育人"的基础上和过程中。

行动之七：重建学校管理的逻辑，构建以课程领导力为核心的学校治理新体系。

改变遮蔽课堂、回避课堂、不懂课堂，以外在形式控制为主的虚假管理问题，改变科层化的管理结构，让课堂改革成为学校管理的逻辑起点和工作重心，让校本教研成为学校运行的主旋律。提升校长及管理干部的课程领导力，建立能够指向课堂、课程建设和教师成长的学校管理逻辑，使课堂、课程、教研、管理（包含评价）成为以课堂为圆心的四个同心圆，形成由内而外吸引、由外而内向心、四位一体整体互动的旋涡式管理结构，把学校、班级、课堂建设成学习共同体。

改变"权威主义""等级主义""绩效主义"等粗暴简单的管控倾向，以学校章程建设为抓手，建立自治、合作、协商、集体审议的学校治理体系，形成民主型、法治型、研究型、创造型的学校治理文化。建立基于专业共同体、捍卫教师专业尊严的教师管理体系。建立尊重学生个性自由和人格尊严，鼓励学生主动探究，倡导学生自治和自我管理的学生管理体系。

行动之八：重建教育教学评价的逻辑，构建"过程＋成果""欣赏＋帮助""表现＋考试"的学生、教师、学校评价新机制。

改变仅仅以分数排队、分等、甄别、竞争为主的控制式评价方式，走向"过程＋成果""欣赏＋帮助"的发展性评价。融合教、学、评，走向一体化，让评价过程始终嵌入教学过程（管理过程）并促进学生核心素养（教师专业素养）发展。教学过程中尽量"少评价"或"不评价"，把倾听、理解、欣赏学生变成评价，鼓励学生产生自己的思想、理解和精彩观念。

改变对学生（教师、学校）"目标—实施—评价"的传统评价模式，走向"表现＋考试"的素养本位评价。指导教师创设促进学生核心素养表现的真实任务情境，对学生运用解决问题的思维过程中所形成的结果，如研究报告、作品、实物等进行表现性评价。改进测量工具和方法，提高"纸笔测验"的命题质量，测试题尽可能"开放"，体现学生对学科观念的理解、应用和创造。以改进中小学生作业和考试为切入，标本兼治，全力推进"减负"工作。

改变粗放式、僵硬式、断语式的不专业考核模式，探索构建管、研、评一体化的区域、学校、教师评价新范式。把对学校、对教师的管理过程变成倾听和对话的过程，协同研究的过程，问题发现、自我反思与行动改进的过程，理解和帮助的过程，使管理、研究、评价融为一体。尊重教师和学生的评价权利，构建每个学校自己的校本评价体系。

探索建立市、县、校三级学生学业水平测试和质量监测体系，加强对各学科学业质量是否达到课程标准的检测、诊断、反馈和指导。引进科学可行的学业质量评价工具，提高学业质量监测的科学性和针对性，推动学业质量监测信息化进程。

探索实施学生综合素质评价的有效途径，建立学生综合素质评价信息系统，客观真实记录学生个性整体发展情况，推动评价方式、招生方式引领育人方式协同改进。

行动之九：重建教育行政管理的逻辑，构建融学术型、民主型、服务型、协同型于一体的教育治理新体系。

改变指令性、单向性、控制式的行政管理倾向，改变行政管理与课程教学分离的现状，探索融学术型、民主型、服务型、协同型于一体的教育治理体系，创建与基层融行政管理与课程教学研究一体化的共同体对话机制；创建与基层协作式问题解决的共同体协同研究机制；创建与基层从行到知、以知促行、知行合一、以实践（创造）为中心的学习共同体行动研究范式。

行动之十：重建教育生态各要素的逻辑，构建"一个都不能少"的区域学习共同体。

改变孤立、线性、单向、平面化的简单控制现状，基于学习共同体多元互动、协作创生的关系理念，选取课堂、课程、班级管理、学生成长、教师成长、校本教研、教育评价、学校管理、教育行政管理等九个关键要素，对应上述九项行动，从学习共同体建设（第十项）的高维结构出发，通过各项行动的相互作用，重建教育新的生长逻辑，重构区域和学校教育发展生态。

区域教育生态模型Ⅰ：六维旋涡式动态结构（如图4-3）。

十项行动，各行动间相辅相生，既有机联系、互动生成，又相对独立、开放生长，构成了多主体多维互动共生的教育生态逻辑。第一维，一至四项，是育人方式的生态重构；第二维，五、六项，是教师成长方式的生态重构；第三维，七项，是学校管理方式的生态重构；第四维，

图4-3　区域教育生态学习共同体

八项，是教育行政管理方式的生态重构；第五维，九项，是教育评价方式的生态重构（这项既独立存在，又蕴含在各项之中）；第六维，十项，是区域教育的生态重构，由一至九项互动生成。

六个维度的大体结构是，二、三、四、五以第一维为运动圆心，组成五个运动半径递增、既有各自轨道又互动共生的同心体系。第一维，是教育生态重建的核心，课堂又是核心中的核心，是最本源的师生生命创造力生发地。二、三、四、五维围绕一维，不断产生自身能量，由内而外逐维或直接传导、串联信息和任务，叠加能量；由外而内逐维或直接"吸引""卷入"、传递服务，增添能量，形成旋涡式动态结构。

学校教育生态模型Ⅱ："一体两翼三评价"动态结构（如图4-4）。

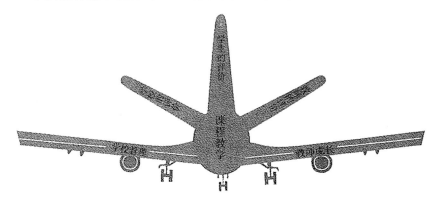

图4-4　一体两翼三评价结构图

"一体"（包括一至四项行动），即以课程教学为主体、以课堂转型为核心的育人方式改革；"两翼"（包括第八项和五、六项行动），一是学校管理方式转型，二是教师成长方式转型；"三评价"（包括第九项行动），也称三动力，即改进对学校的评价、改进对教师的评价和改进对学生的评价。

开展以"十大行动"为主要内容的区域学习共同体建设，作为教育行政部门，不可以行政命令"一刀切"，也不可"拿来"和"推广"，应坚持"启蒙—唤醒—行动（自内而外、自下而上）—合作（上下互动、协作式问题解决）"的基本原则，引导各级教育部门和学校将"十项行动"转化为课题，主动开展行动研究，创造自己的教育行动。在产生自觉行动的基础上，培育和发展各级学习共同体领航地区和学校，指导实验区和领航学校开展深度研究，在渐进中实现区域教育生态的重构。

为什么要进行课程教学改革——在敖汉旗调研的反馈总结

本次共调研敖汉旗三所学校，分别是七中、黄羊洼学校（九年一贯）、箭桥中学，其核心目的就是思考如何提高基础教育的质量。透过这三个学校，我们从行政管理，到教研室学科教研，一直到学校管理，来反思基础教育发展的目标、策略、手段，来反思我们是否能读懂课堂。课堂对不对？课程教学与管理是什么关系？教研、教师培训与课堂是什么关系？如果搞了多年所谓改革，课堂与前10年前20年没有本质变化的话，我们就要反思管理、教研、教师培训等哪里出了问题。这些问题不能回避。我们不断用课堂作为媒介，和校长对话，和老师对话。

在此背景下开展调研，直面的问题就是赤峰市基础教育存在的虚假学习、虚假教研、虚假管理问题。基于此问题，我们提出"一个都不能少"的学习共同体建设行动。

学习共同体建设行动到底是怎么回事？不明白就一哄而上"推"，这是盲目不可取的。市教育局也没有"一刀切"式的推动。近两年提出实施"一体两翼三评价""六项行动",以此作为与地区学校对话的工具,鼓励地方、学校在愿意做的基础上,开展行动研究。学校不仅是孩子成长的地方,也是老师作为专家相互学习成长的地方。我们过去的管理和课堂,同伴相互学习的关系是非常缺位的,学习共同体旨在搭建这种关系。

一、为什么进行学习共同体建设?

学习共同体建设的行动,第一,为了解放每一个孩子,保障每个孩子的学习权,让每个孩子走向深度学习,成为合格公民。现在孩子学习多苦、多难受,特别是初中高中。我们要反思孩子这样学对不对? 学习的本质是创造,是从已知走向未知,怎么解放孩子,让孩子快乐学习,保障学习权? 孩子天生就有学习的本能,我们要保护、释放、激发这种本能。

第二,要解放每一个老师。老师职业倦怠的真正原因是把活儿干差了,在强大的应试教育面前,老师为分数而教,当知识的搬运工、孩子学习的训练者,而不是创造性地劳动,在课堂里体验不到快乐。因为教学的过程不是创造的过程,不是发现儿童的过程,不是发现教学的过程,不是发现生命的过程。老师需要被解放。

第三,校长也需要解放。校长的管理是在控制老师、控制孩子,还是在帮助老师成长、帮助孩子成长? 这是两个管理境界。校长有没有能力读懂课堂? 有没有能力帮助老师成长? 老师成长的主渠道在课堂,当我们提出让教学变成协同研究的时候,那么课堂的转型和教师的成长就变成了一件事,而不是两件事。

我们原来以为老师成长,第一得是个好苗子,是名校毕业的,自身足够优秀。这是对的,但现实我们改变不了。第二通过各种方式培训。事实上老师们成长得非常缓慢,因为老师没在主渠道里成长自己。

所以说,要解放孩子,解放老师,解放校长。解放,是个哲学概念,让人走向独立思考和批判性思维。比如我问一位老师,导学案为什么这样写? 他说是上级要求的。老师没有独立思考能力,如何让孩子独立思考？一个有独立判断能力的教师，不会唯上级要求是从。建设学习共同体也是如此，不要人云亦云、唯书唯上唯权威，大家一哄而上，要从反省性思维的层面去认识、理解和判断。

二、如何对待学习共同体建设

学习共同体建设行动，仅靠听说和阅读是认识不到位的，必须走向行动研究。人只有在行动中才能理解行动，只有在改变世界中才能改变自己，只有在改变课堂中才能理解课堂。你一天没有改变课堂，想理解课堂，那是不可能的。

没有共同的实践行动，是构不成对话的。我们经历了大量的理论探索和各种实践观察，认为是一件对的事，才去做。如果变成被动执行，就变质了，就不是行动研究，一定是照猫画虎，一定是做不成的。

学习共同体行动背后的逻辑是什么，要在行动中慢慢理解。再进一步说，学习共同体建设的本质，是启动了一种反思性实践模式，大家在行动中不断反思。一方面我们不断和理论对话，追问教学的本质是什么，一方面不断用理论来指导实践、反思实践，让理论和实践不断对话。更主要的是，一线的教师、校长在研究中开始成长，若一个人天天成长，这种改革能失败吗？但是现在有一个理解误区，就是觉得差方法、差点拨，以为别人一点拨就会豁然开朗、恍然大悟，是这样吗？敖汉请了吴正宪老师来指导，即使吴正宪老师在这里待三年，大家不进行行动研究，也成不了数学学科专家。我们和她差的是理念问题吗？到底差多少东西？我们和老师对话的时候，老师始终怨高考，没有人反思自己的学科素养合不合格，没有人反思自己对课程、对儿童的研究够不够，都是往外怨，怨考试制度、怨其他问题。

三、从改变自身做起

课程教学改革的根本指向是教师自身，在行动研究中改变自己、成长自己。我们建立"观察—描述—反思—改进"的教研新范式，就是指向改进自己。以往听课是评价别人，现在转过来我们要反思自己、改变自己、成长自己。教师真的走在成长路上，就会不断有新的发现，发现的标志，就是写出有思想的文章。

如果要进行学习共同体建设，也不要一哄而上，哪怕从一个学校做起，从一间教室做起，但不应该是"推"的结果，应该是校长受到了启蒙的结果——我想做。

我们所倡导的学习共同体建设，有别于过去的传统教育。改革关乎每一个人，成长每一个人。当人天天有发现，不断产生自己的思想，不断对教育有新的理解，就变得不一样了，就走向了生命的创造。简单说，我们启动了学习共同体行动，就是让我们的教育走向行动反思，在反思中改进自己，提高自己。

期待敖汉教育在深刻反思的基础上，开启行动研究的教育旅途。

直面现场，叩问教育，探寻起点，走进未来——对赤峰市基础教育调研的思考

躲在办公室和书斋里，你在基于现实和理想打交道。深入学校、课堂等教育现场，你在基于理想和现实打交道。理想，是理论，追求实践的完美；现实，是实践，追求理论的转化和创生。作为教育行政人员，我们穿梭于二者之间，总想让现实更理想一些，让理论更有实践性，让理论和实践在行动中多一些对话和理解。

9月18日始，用了近两周时间，基础教育科全体成员走进巴林左旗，走进敖汉旗，听校长汇报学校总体情况，观察、体验学校课程、课堂、管理及学生活动，与干部、教师、学生等各类人员座谈，与上课及听课教师进行课例对话，以期在"再出发"的起点上重新审视和发现教育的真实，建构赤峰市基础教育内涵发展的新路径。

一、赤峰市基础教育在发展

一切历史都是当代史，一切现实都是历史中的现实。若以五年的时

间跨度来看赤峰市基础教育的发展，前后变化是明显的，成效是显著的。巴林左旗、敖汉旗等地的教育正在焕发着新的生机。所到学校，大多提出了学校自己追求和坚守的教育哲学或办学理念，大多围绕办学理念建构着自己的课程体系，并在努力建立相应的管理运行机制。

（一）学校重视文化建设，有了行动的展开和精神的积累，但对核心价值关注不够

追求什么样的教育价值，办什么样的学校，培育什么样的人，这是学校的教育哲学和办学理念，也是所有教育者应该先考虑清楚的。可贵的是，多数学校都从文字和行动两方面做了回答。如林东七小实施"快乐教育"，隆昌寄宿制学校开展"责任教育"，敖汉七中的"尊重差异，崇尚进取，成就师生的宁静与美好"，等等。这让学校有了一种流动的精神气质。校长、教师的学习、研究意识在不断提升，围绕办学理念的课程不断生成新的结构。他们以文化建设在努力做出对教育的追问，对儿童成长的关注和支持。

这里，有必要让我们重新反思和审视一下文化问题。我赞赏余秋雨给文化下的定义：文化，是一种包含精神价值和生活方式的生态共同体。它通过积累和引导，创造集体人格。[①]

校园里师生在一定精神价值的指导下，日常的教学方式、教研方式、管理方式、人际交往方式等，就是学校文化。校长带领师生员工对新理想的追求，对新课程的实施，对新教研的践行，是应然的学校文化。全球进入了信息时代和人工智能时代，要求每一个学生都应该成为负责任的创造者，每一个人都应该拥有批判性思维、创造性思维和协同性思维。这是新时代学校育人的核心价值追求。如果用几个关键词来表达，应该是：民主、倾听、对话、尊重、探究、质疑、创造、协作等。这些，才是教育"现代性"的标志，其体现的核心区域是课堂。问题是，这些核心价值离学校实际的文化表达和行动追求还有很远的距离，不少学校文化尚停留在"勤奋""苦学"和"严管"的行为主义层面。一些学校为

[①] 参见余秋雨：《何谓文化》，6页，武汉，长江文艺出版社，2012。

文化而文化，为特色而特色。校园里口号性、励志性、对联式文字表达过多过滥，陈腐粗糙，内容上缺少现代性，形式上缺少审美性。文字标语尚不能体现，自然就更难成为校长和师生员工的信念了。

这集中暴露了我们的教育理念和人文精神并不先进。简单地说，作为校长，首先应是一个文化人，一个拥有浓郁的人文精神的人，一个拥有文史哲基本素养的人，一个拥有批判性思维和创造性思维的人，一个持续追求真善美的人。

这里谈到文化，有必要追问一下学校特色问题。调研中发现，很多学校把追求特色视为一种时尚，一种高质量，一种似乎不提特色就是落伍无能的表现。于是，学校有特色发展目标，有特色校园文化装饰，有特色项目建设，有特色展室，有为迎接检查而准备的特色材料和特色汇报。我一直在思考，什么叫特色？我们为什么要追求特色？学校到底需要什么特色？特色能化解教育的基础问题吗？作为基础教育学校的"基础"是什么？基础人格、基础学力等问题我们解决好了吗？我们是不是首先要考虑如何保障每一个儿童的学习权，使每个儿童在基础教育阶段学会学习、学会独立思考、学会合作解决问题。请问，上述这些"特色"是否指向了或解决了这些基础教育的元问题？陶行知先生说得好，"千教万教教人求真，千学万学学做真人"。

求真，做真人，这才是优秀文化的基石。教育，首先要告别虚假的教育、虚假的学习、虚假的管理。面对孩子，面对现代文明，我们是否要叩问自己：我们是在做真实的人、真实的教育吗？也要叩问教育：如何让教育走向真实，如何让儿童的学习、成长真实地发生？

（二）学校有了结构化的课程体系，但融合、生成、创造和连续得不够

围绕办学理念，多数学校，特别是义务教育阶段的学校，终于冲破了传统的"课程表"，对三级课程进行了结构化的设计，形成了课程图谱，使学生成长的"营养"更加均衡和丰富。这让课程在设计上从平面走向立体，从单一走向多元，从知识本位走向素养本位，从课内走向生活，从零散、片段走向结构化。

但是从课程的实践领域看，绝大部分课程还停留在课时本位、教材本位。一是面向整个学年、学段的，基于大单元、大主题的以学习为中心的课程设计和联系性、连续性的创造生成还很不够。这反映了行动上课程意识的缺失。只要是课时本位、教材本位、知识本位，就很难实现这种"连续性和联系性"。二是国家课程的校本化创生不够，教教材的现象依然严重，"教育即生活"的理念还远没有转化为现实。教材仅仅是学生学习的工具，课程是教师、学生与学科、生活的多维互动过程和持续探究过程，不断创造着教师和学生自己的思想。当课程远离了生活、远离了探究，教学就沦为了传递、训练和记忆知识，厌教、厌学的现象发生也就是理所当然的了。对此，教师需要丰富学科素养，弥补课程论素养。三是依然以单学科为主，跨学科、多学科课程的融合与互动，还基本没有破冰。实现"完整的教育生活"迫切需要跨学科教学。四是综合实践活动课程还没有真正启动。没有这类课程的实践，学科课程的教学方式转型也难以实现，如何实现学科课程和综合实践活动课程协同并进，已经到了认真对待的时候了。

基于上述问题，我们倡导的课程建设行动是：重构学校课程，建设每一位教师、每一所学校的单元型、主题型、项目型、综合型的创生性课程体系。我曾在《赤峰教育宣言》中第八条做出如下表达：坚决改变课时本位的"教教材"现状，恢复"课程"的专业意蕴。推进国家课程的校本化创生。推进学科课程、跨学科课程、综合实践活动课程建设。推进单元型、主题型、项目型课程建设。让一切课程在横向上互动、融合，形成有机整体；使所有课程基于螺旋式上升的原则进行纵向组织，以有助于学生探究能力和核心素养的持续发展。建构每所学校、每个教师自己的课程体系与课程文化，追求"创生性课程领导"的育人新模式。这里提到的横向、纵向的关系问题，正体现了课程作为经验的联系性和连续性的特点。如此的既横向互动融合又纵向螺旋式上升的动态生成的课程体系，如此指向学生探究能力和核心素养持续发展的课程体系，是我们的理想追求，是赤峰校长、师生们的智慧创造所在，生命成长所在。

（三）课堂改革得到前所未有的重视，但尚未发生根本转型

课堂的事实，即学校的真实、教师的真实，也是区域教育管理和办学水平的真实。只有课堂改变，教育才会改变。调研中发现，课堂改革得到教育行政部门、学校前所未有的重视。各地纷纷寻求课堂变革之道，纷纷出台改革政策。巴林左旗致力于打造自主高效课堂，积极推进学科建设。敖汉旗试图引进"学例案"教学。暑期克什克腾旗学习共同体研讨会结束，各地积极行动，学习共同体的理念、精神正在逐步渗透到学校的发展规划、制度建设、学科建设及课堂改革中。林东一中围绕"一个都不能少"提出建设四个共同体：学校管理共同体、课堂共同体、学科共同体、班级管理共同体。林东一小做出了新的学校发展规划，林东七小、隆昌地区学校的课堂在尝试"小组学习"，新惠七中启动了"基于课堂观察的课例研究"教师学习共同体，箭桥中学、黄羊洼寄宿制学校尝试使用学例案。从改革的整体效果看，小学要好于中学。

但总体上，课堂尚未发生根本转型，尤其是中学的改变不明显。我们通过听课来把握课堂的事实，通过座谈了解校长教师对课堂、对学科的理解情况。可以说，这个主渠道最集中、最全面、最彻底地暴露了一些校长、教师对教育教学理解的肤浅和功利。就是说，我们对教育、对学科、对课堂、对课程的理解还远远没有走向本质。具体表现在以下几个方面。

一是学校管理者不能读懂课堂，无法正确指导教学。

有很多人经常做出这样的判断：我们的理念很先进了，就是行动不够。这其实是一个错误判断。陶行知说，行是知之始。没有过程行动的探究和思考，哪有什么理念的先进。人只有在活动、操作中改变了世界，才能真正理解世界，因为真正的知识是操作与创造的产物。比如，我和一位校长一起听课后座谈，我对校长说，你怎么理解这节课？于是我记录了该校长的两句话：

"老师一定要关注学生的听课状态和接收状态……"

"学生能够听老师的要求。"

我们来分析一下这两句话："听课状态""接收状态""听老师的要求"这几个关键词，都无意识地反映了校长的理念尚处在灌输、控制的教学层面，我们能说这个校长读懂了课堂吗？能指导课堂吗？令人忧虑的是，这些交流者多是一些优秀校长。在一所初中学校，我问一位副校长："你们班子里谁能读懂课堂?"他诚恳地告诉我："我们真的不能。"于是,我们是不是可以继续追问,赤峰市的学校里谁能读懂课堂?一个区域里谁能读懂课堂?当然,这不是我市独有的现象。我在想,难怪这么多年下来,我们花了那么多力气,采取了那么多措施,课堂改革依然没有实质性进展。有没有专业的课堂改革"领军人物"是个重要因素。

还有的领导或老师担心,如果让孩子去探究学习,能完成教学进度吗?另外,文科教学,不背下来,能考出分数吗?

可见,在很多教育者的眼里,教学,就是传递教学,就是分数教学,就是标准答案教学,就应该追求所谓高效的教学。至于学生是否喜欢学习、会学习、会思考问题和解决问题,是否拥有核心素养和学科核心素养,反倒成了次要的。学会关心、学会思维两大学习哲学主题处于被遮蔽状态。假如传递教学、分数教学对的话,学生应该考出好分数,现实是如此吗?我们制造了多少低分生?我们的高考文科成绩落后于全区平均水平为什么还没有得到根本扭转?

二是以教师讲授、控制为主的课堂依然是主流。

为什么以教师讲授、控制为主的教学难于改变?首先是没有建立起正确的知识观和教学观。多数教师认为知识是固定结论,是客观真理,是标准答案。既然如此,就该传递。至于探究体验,基于真实情境的问题解决,倾听对话,教学做合一,都是影响考试成绩的花架子。教师从来没有质疑过这种错误的知识观及相应的方法论,于是,为了追求"高效",教师主要或完全按照"教"的逻辑展开教学,这个逻辑是直接指向知识点或考点的,短时间内即可完成"传递"任务。教师误以为教的逻辑就是学的逻辑。至于学生是不是学会了、会学了,思维是否发展了,不在"教学进度"之内。学生几乎完全沦为"教"的配角,在没有情境、没有自己的问题、没有独立思考、没有相互交流的状态下学习,这还是真学习吗?比如,教师不断抛出小问题,用问题牵引学生,这似乎是互动,其本质还是控制,没有学生的自由探究过程。在教的控制下,全班禀赋、基础各异的几十个孩子"齐步走",能是真学习的课堂吗?试想一下,这样的教学,教师还有创造性吗?没有师生的生命呼应和精神流动,师生各自没有探究、体验、交往、发现和产生自己思想之"乐",如何不厌教、厌学？

我们大概都同意"教育即生活"的论点。何谓真正的"教育即生活"？真正的教育即生活，意味着让教育变成学生和老师真实的生活、完整的生活、幸福的生活，意味着让生活变成问题解决的过程，意味着真实的学习不断发生，意味着教育要走向项目教学、走向综合实践活动课程、走向教学即研究。生活的本质是问题，学习的本质是问题解决，教学的本质是协作式问题解决。问题解决一定是情境中的问题解决。去掉情境就是去掉人与环境互动的生活。问题解决契合了人的探究天性。真实的教育生活，联通了儿童已有的经验和他所处的问题情境。有情境才是真实的生活。有项目、有主题的生活才是完整的教育生活。不断进行问题解决的生活，这才是一个文化意义上的人值得过的生活。

其次，讲授、控制的教学，教师省心省力，不用接受学生的问题挑战，可以掩盖教学的复杂性，掩盖教师自身学科素养和其他专业素养的不足。长此以往，教师把教学质量几乎完全归因于学生是否勤奋、是否聪明，很少从自身，从教与学的关系上反思自己的教学。那么怎么保证教学质量呢？一方面，讲授过程中，必须控制学生认真听讲，不准走神，控制学生无论是阅读教材还是利用导学案都要快速指向标准答案的获得。为了所谓的高效，必须尽快"教完"，以便留出充足时间用来训练。比如高中两年结课，专门留出一年进行一轮、二轮、三轮复习。另一方面，讲授结束后，必须控制学生进行大量的刷题、训练，必须按照心理学规律不断进行强化记忆和巩固。于是，周考、月考应运而生。很多家长的心也随着自家孩子的考试而大起大落。一考一考的大网不断筛查，线上线下的数据监控越来越多。无奈的家长，有的怨恨老师教得不好，也有的认为自家的孩子不争气，于是把眼光瞄向校外培训机构或补课班。这难道不是这种教学、教育理解及由此产生的各方教育误解的结果吗？这又使我想到，很多学校拍摄反映学校特色的专题片，当出现教学画面时，多数都是教师在那里奋力讲课的镜头，很少能看到学生真实的探究生活。很多教育媒体，常常在集体无意识地传播着这种以传递和控制为主的"教"文化。

三是教师教学长期处于工具化状态，没有反思意识，没有把行动变成研究过程。

学生被灌输、被控制，教师也存在如此现象。比如，在听完一位优秀老师的课后，与他交流学例案问题，问他为什么这样设计。

他说："我也不知道，反正是上边要求的。另外，按照学例案上课总感觉别扭，反而不如原来了！"

我说："你为什么不自己独立思考，反思一下这样是否对呢？"他一时语塞，显出一脸无奈的样子。一个不能独立思考的老师如何能培养独立思考的学生？

老师们的日常校本教研基本停留在研究"教"的层面。主要看老师怎么教，而很少研究学生怎么学，这是不是一种虚假的教研呢？

如何解决上述问题？一是以教育思想启蒙为主轴，寻找问题，清理思想，把握本质，进行基本的范式建构和行动研究；二是以校本教研为主旋律，让教师成长和教学研究合二为一。

（1）教育思想启蒙。在专业力量的指导和支持下，教育行政部门、教研部门、基层学校，或独立，或以对话的形式，持续反思自身问题，下决心查找教育的深层问题及其产生的原因，并使全体教育人达成共识。比如，虚假学习、虚假教研、虚假管理是不是学校教育的核心问题。必须把这个反思查找的过程，变成清理教育思想"地基"的过程和开展行动研究的过程。所谓清理教育思想地基，就是要把那些似是而非的、误解误读的、自以为是的教育思想进行分析和彻底清理，从理性层面，从概念层面，深入理解教育的本质、管理的本质、教学的本质。专业力量的介入，就是要自上而下进行大力度的教育思想启蒙，使全体教育工作者重新理解和思考什么是教育、什么是管理、什么是课程、什么是教学、什么是学科，引导校长、教师们从根本上把握教育本质。所谓行动研究，就是要带着专业的眼光不断观察课堂，不断反思教育，不断调整改进自己的行动。这里，一定要处理好知与行的关系、行动和创造的关系。可以说，若没有这样一个理性的、反思的、实践的过程，我们很难跨过教育专业的门槛。这里的关键是，第一，专业引领要找"对"的专家。第二，教育行政、业务干部和校长要带好头，走在行动和理解的前列。第三，针对当前课程教学存在的核心问题，基于学习、学科、教学、课程的本质，借鉴张华、佐藤学、陈静静等学者的思想和实践，对课堂教学改革进行基本范式建构和行动研究。

我们倡导什么样的教学呢？那就是"让教学变成协同研究"。这个名称，抓住了两个关键词，力图体现教学的本质。一个是"研究"，体现了探索、发现、解决问题的科学精神；一个是"协同"，体现了倾听、对话、合作共生的民主精神。

前者体现了人与世界的对话关系，后者体现了师生及同伴间的对话关系。合而言之，教学的过程，就是师生基于真实的问题情境，开展合作研究，进行合作式问题解决，持续与世界、与他人、与自我三位一体的对话过程。对于教师而言，研究性教学，一方面，使教学与研究、教学与专业成长的分离状态走向合一，即教学，就是教学研究，另一方面，实现了研究儿童与研究学科的协同并进。在对学科与生活的问题解决中，在倾听和对话中，教师不断理解儿童，不断理解儿童的思想和观念，不断理解儿童的体验和情感，这本身就是引导儿童学会思维、学会关心的过程。教师在不断理解儿童中，实现对学科、对教育的理解。因而，"教，就是倾听"。对于学生而言，不再是去情境的原子化个人的、仅凭意志力的学习，始终在问题情境中，在同伴间"和而不同"的理解中，在安全与润泽的协同中，探究着、体验着、倾听对话着，不断产生每个人自己的思想和理解。因而，"学，就是告诉"。对于师生的关系而言，再也不是什么谁主导谁主体、什么以学定教的关系，是"教学做合一"的关系，是倾听对话、帮助和欣赏的关系，是"让学"的关系，是多主体互动的关系，是协同问题解决的关系。由此，"教育即生活"的课堂，就成了真正意义上的"学习共同体"。

(2)建立"观察—描述—反思—改进"的校本教研新范式，使之成为学校管理的主旋律。

佐藤学教授在实践中总结出，上完一节课，要用两节课左右的时间进行课例研究。他还一再强调，改变课堂、改变学校的不二法门就是以课例研究为主的校本教研。如何研究呢？首先是课堂观察。当教师开始上课时，参与课例研究的教师就坐在学生身边进行"学情"观察了。观察对象可以重点选择一名同学或一个小组，或兼顾全班。观察内容包括学生提出了哪些问题，产生了哪些个人的思想和理解，是在怎样的情境下产生的，教师如何回应学生的问题、想法与体验，需要教师提供怎样的帮助有可能促进其思想进一步发展，遇到的困难或障碍是什么，是否愿意投入学习，是否心理安全，同伴间倾听对话关系的建立如何，教师是如何进行教学活动展开的，教师是如何进行倾听、串联、反刍的，等等。教师一边观察、思考、一边记录。此刻，尊敬的读者，你想这会意味着什么？自教师坐在教室里听课的时候就开始了真实的、富有生命活力的研究了（教学研究和儿童研究）。此刻，课堂就是教学实验室，就是学生思想实验室。如果此刻的教学真的变成协同研究，课堂里就形成了巨大的生命场，学生学习的过程就是"知识实验"的过程，就是释放人的生命原始创造力的过程，就是不断产生思想和理解之"悦"的过程。听课教师置身此真实的、创造的生命世界中，自身也会不由自主地被卷入思考、理解、反思和创造之中。因为听课教师发现着真实的儿童、发现着儿童学习的秘密，也发现着自己对儿童、对教育、对学科的新的理解。也唯有这"新的理解"才是教师反思自己、改进自己、创造自己的动力和源泉。

待上课结束，观课教师开始分小组讨论，每个教师基于观察进行描述（尽量排除前见，直观学习现场）。因为有了大量观察，教师再也不会无话可说和言不由衷，而是抑制不住冲动地交流，因为他有了思想，渴望在对话中分享和修正、丰富自己。每个教师在倾听同伴中进行自我反思，从而实现自我改进。研讨结束，教师开始主动撰写研究报告或随笔。这里的"主动"一定是建立在前期的深度观察、深度交流、深度反思的基础之上的。当教师把写反思性文章变成习惯时，就成为真正意义上的"反思性实践家"了。

那么，"观察—描述—反思—改进"作为一种新的教研范式，"新"在哪里呢？至此，细心的读者早已明白，我还是要略做梳理，这种研究方式实现了五个重要翻转：一是由过去的重点听老师怎么讲的虚假研究转向重点研究学生怎么学的真实研究；二是由过去的重点评价别人转向自我反思、自我改进；三是由过去缺少反思的劳作式教学走向不断改变自己、成长自己、创造自己的行动研究；四是由过去基本不开放、教师自然生长的封闭课堂，走向教师间协同研究的学习共同体；五是由过去规定的、片段的、应付式的校本教研，走向基于问题解决的连续的、有逻辑的、持续生长的行动研究。

校长对学校的领导和管理，因长期不参与或很少参与以课例研究为主的校本教研，致使很多校长读不懂课堂，当然也就读不懂学生和教师，这样怎么会进行科学的管理呢？因此，校长的管理，如果不从读懂课堂、读懂教育出发，就会使管理沦为控制和虚假。校长的管理，意味着管理研究。管理，就是不断理解学生、理解教师、理解学习、理解教育、理解学校、理解自己的过程，在理解中不断形成新的教育思想，不断调整落后的管理制度，不断帮助教师成长，不断营造新的教育文化。

(3)建立校长教师"读书—实践—写作"三位一体的新教育生活方式。

为什么把这种教育生活方式称为"新"的呢？就是因为很多教育工作者长期不读书、不实践、不写作。"三不"的背后是不反思、不创造。我们极力倡导，就是要让每一个教育工作者成为终身的实践者、阅读者、写作者。三者都指向行动的创造、思想的创造、生命的创造。

对"读书—实践—写作"三者的关系及内涵做一辨析。实践，是核心，是目的。读书、写作，是两翼，是手段，也具有自身独立存在的目的。三者，不是独立的三个，是"三位一体"，相互促进和转化，共同指向"反思性实践家"这一教师的生命存在方式。

实践，作为一个哲学概念，是指教师的创造性课程教学活动。创造，是实践的应有之义，也是人作为生命体的应然状态。创造的动力，既来自生命的本能，也来自人与环境的互动，在创造世界中创造自己。强调创造性，是因为多数教师的教学活动，基本上以传递灌输为主，是非创造的工具性存在。现在要让课程教学的实践回归它的本义，即"让教学变成协同研究""让每个教师成为课程的领导者和创造者""让每个校长变成学习共同体的创造者"。实践，作为核心，越深入，越有利于激发读书和写作的需求和欲望，也就越有利于养育自身。

读书，本质上是与他人对话，是"用书"，借助书来思考、体验和解决问题。读经典，本质上是与"高手"对话。这是我们倡导阅读经典的原因。人，是关系性存在。维果斯基说，"发展"首先是作为社会性过程发生的，其次才是作为心理过程发生的。[①] 读书，是以书为媒介实现人的这种关系性、社会性的存在。我们之所以不遗余力地倡导读书，主要是因为我们的教师入职门槛太低。教师基本的阅读能力和思考能力尚且不足，更何况基本的学科素养，更妄谈基本的课程论、教学论和人文素养。基于此，我们倡导读书，倡导读好三类书：学科类、教育类、人文类。三类书的阅读分别指向读懂学科、读懂教育、读懂人，体现了教师的基本素养结构。比如学科类书籍，通过教师对学科类经典的阅读，弥补其学科素养的不足，使教师首先拥有学科核心素养，逐步实现"一流教师教思想"。比如教育类书籍，如果每个教师能够读上几本真正的教育经典，如杜威、张华、佐藤学等人的著作，在当前灌输教育流行的背景下，你才有可能识破其弊端，真正跨过教育的"门槛"。比如人文类书籍，如果不阅读几本文史哲经典著作，我们是很难进入"人"的世界的。我们的独立思考能力、判断能力无不与此相关。这是读的内容，那么如何阅读呢？经典，就要精读，而不是泛泛浏览，一是要读进去，读的"少"，读的"深"，读到概念层面的理解和把握，读出自己的思想和逻辑，读出自己的"精神园地"。二是要跳出来，能用教学事实和生活诠释理论，用所读理论解读、透视教学事实和生活，最终形成无意识的理性状态和文化人格。如此实现阅读与实践的相互转化和促进。

写作，本质上是与自己对话，为自己"立言"。立言的本质，是"立己"，以文字背后的思想和情感来立己。教育者的写作，是用文字、用概念逻辑或教育叙事来整理自己、反思自己、创造自己。写作过程中思考的深远程度、缜密程度、广泛联系程度、有逻辑的长期持续程度，都是一般的非书面思考所达不到的。当然，教师并非一定要在"立言"中成为作家或者专业学者，用著作来标志自己，影响世人。但作为反思性实践家，理应成为善于反思自己、创造自己的立言者。世间哪一个优秀教师不是"立言"者，哪一个从不立言的教师成为优秀者？简而言之，能不

---

① ［日］佐藤学：《教育方法学》，86 页，于莉莉译，北京，教育科学出版社，2016。

能坚持写作，决定着一个教师的专业水平和成长高度。现实中，绝大部分教师把写教育文章、随笔看得太难了，不愿意动笔或真写不出来，主要原因还是教师缺少深度实践、观察和阅读，也就是缺少孕育思想的过程。一个没有思想、没有表达愿望的人如何能写得出来？写作，无非是以一种较正规的反思方式，记录、整理自己的思考过程而已。反过来，写作会促进实践的理性化和行动力提升，促进对阅读的需求和品质提升。

总之，我们极力倡导校长教师践行"读书—实践—写作"三位一体的新教育生活方式，就是要让教育者的生活回归其实践的本质、反思的本质、创造的本质。

（四）各地学校管理水平不断提高，但指向课堂的改进和促进教师的专业发展不足

巴林左旗教育局推进现代学校制度建设，2015年出台了《巴林左旗学校章程建设指导意见》，基本做到了"一校一章程"，各校以章程为依据，自觉完善学校内部运行机制，学校内涵发展不断丰富。敖汉旗教育局组织中小学全面落实《义务教育学校管理标准》，探索实施学校年级部管理和扁平化管理方式。林东六中构建了"三横三纵矩阵结构的扁平化分布式内部治理机制"，追求学校管理的高效运行。调研所到学校，很多已经将管理的"链条"延伸到课程建设、课堂改革的深层领域，如林东七小、隆昌地区学校、敖汉七中、箭桥中学等。"让管理指向课堂、课程和教师的专业成长"，这是市教育局近年来一直倡导的一个基本要求。我们欣喜地看到学校管理在向着这个方向迈进，一批校长在向这个方向努力。

总体上看，学校管理存在的问题也是突出的。

第一，以片面应试为主导的功利主义价值观凸显了学校管理的控制取向，对教师个体潜能的激发和专业成长的指导和支持不够。学校管理的"精细化""无缝对接"似乎成为好管理的共识，校长的汇报、教育行政部门的检查也常常以此为管理的高境界。这在学校的安全管理层面当然是必需的，但也存在着对引导和培养学生自治、自我管理能力的不足或缺位。学校很多管理的制度、策略、行为，多是为了直接决胜中考、高考而在时间上、空间上做的制度性要求和控制。比如，什么时间结束课程，什么时间月考，什么时间进行一轮二轮复习，等等。诸多的要求，不论每个班级、每个学生有多大的差异，多是在统一的号令下"齐步走"。一些长效机制的建立，比如全校一个教学模式的"推广"，制式导学案的利用，"有气无力"的学科教研，统一标准的课堂升级达标活动，每天应付性的读书笔记，等等。这些机制，并没有导向人的生命创造和对真善美的追求。除了控制以外，学校管理也在引导，也在激励。在调动教师工作积极性方面，学校花的力气不可谓不大，绩效工资、职称评定、各种评优评先。效果如何呢？不能说没有效果，但这些举措对于教师这种充满无限智慧和创造的专业工作常常适得其反。

抛开上述这些管理举措和细节，我们追问，多少年的精细化管理下来，若干学校发展战略，为什么没有让课堂发生深刻变化？为什么教师的专业成长提升缓慢？为什么搞了那么多培训效果不明显？为什么职业倦怠问题没有得到有效遏制？当然，这并不完全是学校内部、教育内部的责任。但我们应该继续反思，管理的控制意味着什么？学校对教师管理的控制本质上与教师对学生以传递性教学和刷题训练为主要方式的控制是一样的，共同以简单的、低级的甚至非专业的方式指向学校生活运转的安全、有序和分数提高。家长在教师的要求下以检查作业等方式实现对学生的合作控制。于是，学校对教师，教师对学生，形成了环环相扣的控制链条。在这种精细化的、严密的高管控下，是否收获了分数的大面积提高？看看中考、高考的大数据即可知道。

当然，很多管理者在追求控制的同时，也在尝试积极引导和良性建构。但在强大的控制文化面前，在自身课程领导力不足的情况下，在内外部环境诸多因素影响的条件下，多数地区和学校还未能找到有效解决问题的良策。

学校管理者没有把课程、课堂、教师成长、管理、评价等作为教育生态各要素进行"一"的统筹设计和整体改革，使之相辅相成。各管理部门各负其责，单兵突进，"工作到位而不越位"，结果各部门因为工作到位而叠加出很多互不关联的工作，使一线教师疲于应付，却掩盖了教育的最本质的"一"。

课堂转型问题没有成为管理的工作重心。学校没有把课堂转型和教师成长作为教育改革的核心和逻辑起点，常常"绕"开核心问题追求所谓的"严细实活"。没有把校本教研作为学校管理的主旋律。没有指向课程教学变革的管理必然流于形式。

二、下一步工作的基本思考

成绩的盘点，问题的追问，原因的分析，目的是要诊断我们的教育到底在哪里。知道在哪里，方能在一个新的起点上开启未来，走进未来。以下是对赤峰市基础教育内涵发展提出的基本设想。

(一)基于新的时代背景和国家意志对赤峰市基础教育做出新的顶层设计

教育的新时代背景是什么？就是信息时代或人工智能时代，这标志着世界教育进入了核心素养时代。这个时代对教育提出了新的目标和挑战：把每一个学生培养成负责任的创造者。为此，对赤峰市基础教育内涵发展提出新的教育哲学和发展理念。

1. 新的教育哲学

新的教育哲学，就是实施学习共同体建设行动。让"建设学习共同体，办'一个都不能少'的真教育"成为赤峰教育新的价值追求。

如何理解"一个都不能少"？"一个都不能少"，指向所有的学生、教师和教育管理者；每一个学生、每一个教育者都是目的，都应该是负责任的创造者，而不是教育的手段；每一个学生都有天生的学习力和创造力，必须保障其学习权；每一个教育者都应该是行动研究者，必须保障其专业成长权；每一个学生、教育者都是"唯一"，唯一越多样，作为共同体的"交响乐"越和谐，每个人成长得就越好；充分尊重每一个儿童和教育人，建立每个人之间倾听和对话的关系。

如何保障"一个都不能少"？建设学习共同体。

学习共同体，被佐藤学教授誉为21世纪学校教育的新哲学。其基本特点，一是公共性，学校作为公共空间，必须保障每一个儿童高品质的学习权,保障每一个教师的专业成长权。二是民主性,每个人都是目的,尊重每一个人,建构人与人之间合作共生的关系、倾听和对话的关系,把这种关系变成生活方式。三是卓越性,在合作共生的关系中,追求每个学生、每个教师更高水平的发展。由此可见,学习共同体的学校,是培育学生相互学习的学校,培育教师作为教育专家相互学习的学校,家长协力参与学校改革、互相学习的学校,是学生、教师、校长、家长、教育管理者之间相互倾听、相互学习的学校。由此可见,课堂、班级是学习共同体,学校是学习共同体,区域教育系统也是学习共同体。

学习共同体,发端于美国,发展于日本,上海陈静静博士在国内本土化行动 10 年。我市也在点和面上探索了 2 年多,参与的地区、学校和校长、教师越来越多,一批优秀教师正在成长。

进行学习共同体建设,标志着我们在追求现代文明、现代教育,让教育迈入现代化的门槛。现代化的标志是什么?一是民主,二是探究。民主是群体的"解放"和创造,是克服原子化的个人学习,走向合作共生,走向协商对话。探究是个人的"解放"和创造,是由被灌输、被训练,走向自由的、科学的、实验的问题解决和知识创造。

学习共同体,意味着共同体成员融洽交往、合作共生关系的建立,这是师生健康成长的基础。共同体强调共同的整体,是为了更好地尊重、发展每一个个体。学习共同体的提出,是对"教育即生活"的具体落实。教育即生活,即学习共同体的生活。

我市已于 2019 年 8 月启动了学习共同体建设行动,这个启动意味着什么?启动的不是一个统一的行政命令,一个赤峰市统一的模式,一种技术,一种方法,一套操作程序。启动的是对教育本真价值的追问、探寻和守护,是对教育本真思想的理解和建构;启动的是一种教育人的本真存在方式,让每一个教育人走向行动研究,走向对教育、对生命的理解和创造。

2. 新的指导思想

新的指导思想是:坚持国际视野、问题导向和本土行动,探索经济欠发达地区基础教育的转型升级之路。重新定位赤峰市基础教育，再出发，聚焦课堂，以资源供给为保障，以机制创新为动力，以推进课堂转型为核心，整体推进赤峰市基础教育育人方式转型、教师成长方式转型和学校管理方式转型，重构基于学生深度学习的区域教育生态，启动实施"建设学习共同体，办'一个都不能少'的真教育"行动。保障每一个孩子实现高品质学习，保障每一位校长和教师在行动研究中卓越成长，保障每一所学校形成学习共同体。

何谓"国际视野"？陶行知、杜威、张华、陈静静、佐藤学等一批著名教育家及芬兰等国家的教育行动和教育思想，就是我们的国际视野。何谓"问题导向"？上文提出的主要问题就是我们行动研究的导向，问题解决的方向就是行动的方向。何谓"本土行动"？我们"在哪里"，就从哪里开始行动，就在行动中不断解决自己的问题，创造自己的行动方式、话语体系和实践成果。

何谓"转型"？是指理念、逻辑、行动上的翻转或重建。即在学校整体发展中，课堂要转型，教研要转型，管理要转型，评价要转型，人的成长方式要转型，教育行政方式要转型，教育的生态要重构。

(二)基于问题和新的教育哲学对区域和学校教育发展的生态进行逻辑重建和整体设计

建设学习共同体，意味着重构教育生态，意味着要重新调整课堂、课程、教师成长、学校、管理、教育评价等方方面面的关系，重建教育各要素的逻辑。

下面，以构建模型的方式对区域和学校教育发展做出新的逻辑表达。我们选取课堂、课程、教师成长、校本教研、管理、评价等六个关键要素，进行"一体两翼三评价"和"学习共同体"的系统架构，重建学校和区域教育生态和改革的逻辑。

1. 构建"一体两翼三评价"的学校内涵发展生态和逻辑

"一体"，即课程教学改革。以课堂转型为核心，保障每个孩子平等的高品质学习。

"两翼"，即学校管理转型，教师成长方式转型。

"三评价"，即改进对学校的评价，改进对教师的评价，改进对学生的评价。

2. 构建"四个同心圆整体互动"的区域和学校学习共同体建设行动的逻辑及新的教育生态

构建课程教学改革（课堂、课程）、校本教研、学校管理、教育行政管理和业务指导四位一体的、由内而外、由外而内四个同心圆整体互动的旋涡式教育新生态结构。

"四个同心圆整体互动"的教育新生态结构组成的学习共同体，追求着共同体内各方关系的重建，使教师、学校管理者、教育行政管理者、专业指导者等各方，由原来的管理与被管理、上级与下级的等级关系，转化为相互倾听对话、合作问题解决、互动交流的共生关系。维持这种关系，既需要共同的价值旨归，也需要人的深层生命"能量"，这来自于上述各方共同指向的教育最深层、最内核问题，即以课堂为核心的课程教学活动——真实的学习、真实的成长、真实的创造。因为这种走向学习共同体的翻转课堂是师生共同创造知识和生命的课堂，师生的原始生命创造力（探究力、创造力、合作力）在这里得到最大限度的激发，所有参与各方汇聚于此必然受到吸引，由内而外层层卷入，产生生命间相互激荡的旋涡式能量场。没有共同的价值旨归，没有生命创造的激发，是不会形成"旋涡"的。这一新的生态结构，在我市的学习共同体建设行动中，不断得到印证。

在以传递、控制为主的教育里，校长置身课堂、研究课堂、发现课堂、理解课堂时，必然会颠覆原来的教育理念和管理思维，于是才会有试图重建学校管理逻辑和制度的意识和冲动，使学校管理指向课堂、指向课程、指向教师的专业成长。当教育行政部门领导穿过层层等级和管理直抵课堂现场进行观察和研究，有了深入理解并形成鲜明的问题意识时，其对教育发展战略的思考、教育方向性的把握和引领、政策制度的制定、资源配置的理念，等等，必将做出"调整"，必将最大力度指向教育核心问题的解决。

当教育行政领导、校长等都以终极思考、终极关怀的思维和情感去行动时，当教育各方、各层级都以倾听对话，协作式问题解决去行动时，当越来越多的教育人都渴望把教育变成生命创造时，教育何愁不能改变。

从"四个同心圆整体互动"的教育生态系统上看，课堂，是所有教育人的终极思考和终极关怀之地。课堂问题，是教育行政、决策、管理、指导的第一逻辑起点。

（三）基于学习共同体的整体变革，开展"六项行动"，追求"六个转变"

"六项行动"，是在"四个同心圆整体互动"的教育生态系统中，从六个维度共同指向学习共同体这个整体的"一"。因而，"六项"不是孤立存在、独立行动的六项，而是相互渗透、相互照应、相互促进、相互转化的有机的几个联合性行动。

追求"六个转变"，意味着构成学习共同体中各要素的行动逻辑也要翻转、重建。

重建课堂教学的逻辑，改变"传递式"课堂，追求"让教学变成协同研究"的研究性教学新范式。

重构课程的逻辑，改变课时本位、知识本位、学科本位的计划性课程，追求基于素养本位的单元型、主题型、项目型、综合型的创生性课程新体系。

重建学校（班级、区域）管理的逻辑，改进学校（班级、区域）控制式管理结构，追求体现公共性、民主性、自治性、合作性、探究性的学校（区域）治理新方略。

重建校本教研的逻辑，改变"观摩—评价—建议"的听评课模式，建立"观察—描述—反思—改进"的校本教研新样式。

重建教师成长的逻辑，建立校长、教师"读书—实践—写作"教育生活方式，追求"让每位教师成为反思性实践家"的教师成长新路径。

重建教育（教学）评价的逻辑，改变对学生、教师、学校"目标—实施—评价"的传统评价模式，走向基于表现性的"让评价变成欣赏和帮助""过程＋成果"的教育评价新境界。

（四）探索融学术型、民主型、服务型、协同型于一体的教育治理体系，重建教育行政管理的逻辑

变革教育，实现教育内涵发展，仅靠行政指令式的强行推动，几乎是寸步难行。美国建筑师理查德·巴克敏斯特·富勒说：与既有的现实斗争，你永远不能改变什么。想要改变，就建立一个全新的模式，让现有的模式变得过时。基于此，我们探索新的教育行政管理的逻辑和范式。

1. 创建与基层融行政管理与学术研究一体化的共同体协同发展对话机制

对于如何落实国家教育方针、各种教育政策法规，如何规范办学，教育行政部门要坚定不移地做好行政管理。但对于教育内涵发展问题，我们应该采取什么样的态度呢？我们反对教师的传递式、灌输式教学，反对学校的控制式管理，当然也反对以反教育的方式进行不顾一切地强行"推广"和"命令"。在守正的基础上，市教育局创建新的管理机制，坚持以行政与学术融合的方式与基层持续开展对话、协商，大家在相互理解中合作共生，不断改进和创造新的教育生态。

指导和对话要有媒介，才会保证质量，达到唤醒、点燃、自觉行动的作用。基于此，我们率先践行"读书—实践—写作"教育生活方式，持续开发融行政与学术一体的"治理课程"和专业讲座课程，以此作为指导和推动工作的媒介。比如，我们研发了"'一个都不能少'学习共同体建设行动宣言及解读"课程，这是对赤峰市学习共同体建设行动的背景，面临的形势和挑战，产生的问题和原因，具体行动方略和主要内容，做出的最简约、最精练的概括和表达。研发了《实施"一体两翼三评价"建设学习共同体内蒙古行动方案》及解读课程。研发"基础教育整体和各模块工作模型"，对工作思路和策略做逻辑化表达。研发"六项行动"课程。研发了"什么是真正的教育"课程，以此深度清理教育思想"地基"，跨入教育的"门槛"。研发了"走向学科理解"课程，如语文学科的"教学有法——从体裁出发的行动研究"等。选定了教师必读书目和选读书目。开通并运营"赤峰学习共同体"公众号，使所有的行动者和关注者相互影响，使公众号成为覆盖最广泛的共同体学习、对话和发表平台。

为推动"治理课程"的持续生成，我们带头成为"立言"者，增强自传意识、历史意识和未来意识，及时撰写文章，及时收集整理文字、图片、数据等。指导基层出版学习共同体建设成果丛书。

2. 创建与基层协作式问题解决的共同体行动研究机制

导致工作平庸的一个重要原因就是缺少问题意识，缺少上下的协同联动和行动研究机制。基于此，我们在找到教育根本问题及行动路径后，创建与基层协作式问题解决的共同体行动研究机制。上文提到的"四个同心圆整体互动的旋涡式教育新生态结构"，其中，四个同心圆，由外而内、由内而外的整体互动关系，就是市教育局与基层教育行政部门和学校的关系。主要做法是把工作问题化，问题课题化，课题行动化，行动研究化，研究成果化。具体内容就是开展"六项行动"，把问题转化为课题，在与基层互动中，持续开展行动研究。当有了清晰的问题意识、聚焦问题的课题研究意识、合作解决问题意识、指向预期成果的持续行动，我们的工作就有了方向、动力、理性和创造性。

如何让市教育局与基层实现协作式问题解决的"落地"，我们及时在行动研究的阶段，带头撰写文章，使协作研究持续走向深入。

3. 创建与基层从行到知、知行合一、以实践(创造)为中心的学习共同体行动研究范式

先理念培训、理论讲座，然后模式推广，再检查督导跟进，这几乎成了教育变革的通则。这种做法，认识上是先知后行的，内容上是"拿来"的，方法上是强行推广复制的，这是造成多年来改革不成功的三大主因。其错误在于：一是经验是不能灌输的，"行是知之始"。二是经验是不可拿来的，必须经过自己的行动创造。三是经验是不可复制和推广的，只有在行动中改变教育才能理解教育。我们要翻转过来，创建新的行动研究范式，即创建从行到知、知行合一、以实践(创造)为中心的学习共同体行动研究范式。这意味着我们重建了教育"培训"和行动研究的逻辑(认知与实践关系)。2019 年 8 月的克什克腾旗学习共同体建设峰

会，就是这一范式的成功践行。

基于这种范式，今后我们将以高峰论坛和研讨会为"节点"和"线索"，持续开展教育启蒙和行动研究；以指导和培育领航学校和领航教师为主旋律，不断实现典型带动和影响。

开启问的生命

当我们向世界提问时，世界的存在向我们敞开；当我们向自己提问时，自己的存在突然敞开；当我们相互提问时，我们便敞开了共在的时空。

学习即修行

"成己成人，成事成人"的过程，即是"修行"的过程。真正的学习一定是"成己成人，成事成人"的过程；一定是探究、体验的"行深"过程；一定是"教学做合一"的过程。

读书，是间接读人。间接读人，只有读超越自己的人才会不断挑战自己超越自己；读自然、世界，是直接读自己。直接读自己，往往受别人干扰越少越能发现那个独特的自己。

做出自己

我们都渴望"做自己"。何谓做自己？用自己的眼睛看，用自己的头脑思想，用自己的话表达，用自己的行动做。做，做，做出自己。

生命的终极目标，即是做自己。我们走在通往实现自我的途中。

做自己，意味着不以"向外求"为目的。

有多少人，把这些外求的手段当作了一生的目的。

目的性与工具性

有没有自己的主张且能否主动实践，是工具性和目的性的分界线。目的性的人，在于基于自己的理想和信念，自觉能动地去创造性劳动，进而成就了自己，成就了别人。

当你把工作、把他人视为工具，你自己也同时沦为工具。

交流的目的

真正意义的交流，是生命与生命的相互缠绕和丰盈，是进行思想上无预设的实验，是离功去利的精神澄明，是即兴演奏着的没有曲谱的乐章，是随意以某个话题为纲，进行梳理、梦想与现实的编织、前因与后果的贯通、明知与默会和有意识与无意识的转化。

交流的产品，是思想，是精彩观念的偶然诞生；是情感，是生命沉睡的意外唤醒。思想，是感情的外化形式，情感，是思想的内在状态。

有感情有温度的思想，最有可能生成智慧。

交流，不是为了其他什么，它本身即是目的。

"接生婆"

自然、书籍、师友，都是我们的"接生婆"，一步一步地，或深或浅地，把"我"引导出来，并持续着、坚持着"我"的实现。在学校里，老师是学生的"接生婆"，书籍也是学生的"接生婆"。

好学校与好教师

什么是好的学校？好学校不是没有问题的学校，而是有着鲜明的问题意识，并围绕问题不断行动解决的学校。

什么是好的教师？是有着鲜明的教育问题意识，并围绕问题不断行动解决，进而不断走向成长的教师。

第五章

如何在行动中创造行动样式

一切改革的答案在现场，一切教育的理解在行动。行动可贵，行动不易，行动有趣。

行动，行动，唯有行动，教育才有改变的可能。

"学习共同体"是我们的行动之"名"，是我们的教育哲学，是我们的存在之家，要通过我们的行动，使之实至名归。你可以不叫这个名，但你的行动要体现教育的核心价值和本质。

建设学习共同体，开启信息时代的创造教育

赤峰市首届基础教育学习共同体建设国际高峰论坛，历时 3 天，已于 2019 年 8 月 17 日圆满结束，收到远远超出预期的效果。"圆满"这个词因屡被使用，而使读者不再遇之惊喜和"刺激"，但是笔者还是抑制不住内心的兴奋来提醒读者，此次论坛真的是"圆满"，真的是生成远大于设计。主会场 700 多人自始至终认真倾听，23 个分会场不仅座无虚席，几乎所有的空间都被听课教师占满。这是笔者组织和参加过的所有会议和论坛中最有吸引力、最有学术高度、最有研究深度、最有实践成果的一次活动，真可谓盛况空前。作为论坛发起者和组织者，我的人生也于此体验到了一次小小巅峰。会议呈现的特点如下。

一、论坛目的明确，任务清晰

为什么要举办这个论坛？一是基于对赤峰市基础教育所面临的新发展形势的敏锐把握。2018 年 11 月，《中共中央国务院关于学前教育深化改革规范发展的若干意见》出台。2019 年 6 月，《国务院办公厅关于新时代推进普通高中育人方式改革的指导意见(国办发〔2019〕29 号)》出台。2019 年 6 月，《中共中央国务院关于深化教育教学改革全面提高义务教育质量的意见》出台。基础教育领域三个重要文件密集出台，标志全国基础教育发展进入新阶段。二是基于对赤峰市教育自身存在问题的深层透视。

如何面对新形势？如何解决旧问题？市教育局审时度势，对赤峰市基础教育重新定位，决定再出发，确立了新的指导思想和工作任务。即坚持国际视野、问题导向和本土行动，探索经济欠发达地区基础教育的转型升级之路。聚焦课堂，以推进课堂转型为核心，整体推进赤峰市基

一，于是体验到了专业成长的快乐。这样的课堂，师生就在合作创造新知。师生的快乐来源于生命原始创造力的释放。如果把本次论坛比作一个由教师、教研人员、管理人员、专家四方互动形成的教育旋涡，那么旋涡的核心，就是翻转了的课堂。旋涡的能量，就是儿童、教师所释放出来的生命创造的本能，就是每一个教育人置身其中，其生命创造力也被激活所释放的能量，就是杜威提出人的四大本能或冲动（探究、建造、表现、交往）的激活和释放。

听课又有什么好说的？不是所有的课堂研究都要听课吗？不要小看这个过程，这可是绝大部分老师第一次翻转了听课视角，在践行"观察—描述—反思—改进"的教研新范式啊。当听课教师坐在孩子身边，他的教学研究就开始了，他要在一节课里全程观察一个或几个孩子的学习情况，记录孩子的学习是怎样发生的，诞生了哪些思想和理解，遇到了哪些困难，同伴间相互学习的关系是如何建立的，教师是如何帮助孩子学习的，等等。总之，教师通过耳听眼看心想，设法打开孩子学习的"黑匣子"。此过程中，论坛组织者早已为听课教师提供了设计好的"听课记录单"，教师边观察、边记录，通过现场证据的描述，反思自己的教学，不断实现自我改进。上课结束，听课教师留下来用两倍于上课的时间继续分组研讨观察所得，然后分组展示汇报。此刻的研讨，每个教师都是基于大量的学情观察，汇报时，滔滔不绝地表达着心中所想。为什么？因为教师从没有这样去观察孩子的学习，从没有从这个角度去思考教育，从没有基于观察一下子获得这样多的信息。他们突然发现学习的发生远不是其凭着教学设计想象的那样简单，学习的现场是如此的复杂多样。这也是笔者第一次观课的亲身感受。到此，细心的读者早已领会到，听课即研究，听课即专业成长，听课即创生自己的教育思想和体验。

如果翻转了课堂的教师是在进行教学创造，那么，走向教学研究的听课教师也是在内心上演着教学创造，在交往交流中共同进行着教学创造和生命创造。上课者，听课者，彼此倾听，相互激荡，形成了课内课外、课上课下的学习共同体。这是共同体"行"的力量，行，即创造。当然，如果认为课堂翻转了，教研方式翻转了，就大功告成，这是极其荒谬的。"让教学变成协同研究"，本质上是一种新的教学价值观、知识观的方法论，是一种教育哲学、反思性实践的方式，是一种让教师在协同研究中、创造中不断走向成长的本真教育。

其次，谈"知"。如果先"行"，主要是让与会的教育者在行动中理解行动，在改变教育中理解教育，获得了大量支撑教师走向教育理解、走向专业成长的"经验"，那么接下来的"知"，就是为了使教育者更有反思意识的存在、更有理论指导的"行"。当然，这里的先后，仅指逻辑上的，而非具体的先后。关于"知"的一组讲座，也做了结构化的设计，依次从课例研究、深度学习的课堂变革、教师行为改变、素养本位的课堂改革等四个维度展开。

一是安排了课例研究的讲座。指向儿童学习的课例研究，是传统教学的盲区。课例研究，既是学习共同体建设的主旋律，也是课堂改革的起点、教学翻转的关键。佐藤学教授说，欲改变学校，经年累月的课例研究是不二的法门。论坛安排了年仅 27 岁的学习共同体研究院执行院长谈杨以"基于焦点学生完整学习历程的课例研究"为题为全体与会人员讲解了如何基于观察、描述进行课例研究的方法，既有理论深度，又有实践操作性。

二是安排了如何由虚假学习走向深度学习的讲座。学习共同体研究院院长、青年学者陈静静作了"深度学习的展开与迭代"的主题演讲。这是聚焦我市乃至全国最深层、最核心教育问题的演讲。我们就是要聚焦这个问题，从解决这个核心问题入手，以建设学习共同体的方式，推进赤峰市教育整体转型。陈院长的演讲内容主要包括：课堂研究方法；课堂的真相及学习的困境；深度学习的概念与条件；倾听关系的构建与迭代；学习设计的成果取向；专家型、研究型的教师发展；学校与区域学习共同体建设的基本路径。这是陈院长基于对 3000 多节课，5000 多位学生的观察，若干个地区和学校学习共同体建设的指导经历所做出的理论概括和实践总结，弥足珍贵。比如，陈院长在逐渐揭开中国学生学习真相的基础上，发现学生学习发生的六个必要条件。

1. 学生充分的心理安全(safety)。

2. 学习内容对学生具有重要的意义和价值(significance)。

3. 学生体会到自己在学习中的主体作用(subjectivities)。

4. 学习内容具有挑战性(struggling)。

5. 学习时间比较充分(sufficient)。

6. 学习过程中有必要的人际支持(support)。

这些来自于行动研究，闪烁着真理光芒的教育发现，给与会者以巨大的现实冲击和思想启蒙。

三是安排了如何改变教师行为的讲座。来自大洋彼岸的美国杜威协会前会长伦纳德·威克斯教授作了"改变教师行为"的专题讲座。每个教育人都知道，教育最难的是改变教师。为什么要改变教师行为？威克斯教授认为，改变教师行为，可以使教师成为更好的教师，拥有更好的课堂；可以减轻教师的压力，让教学工作变得更加轻松容易；可以增加课堂活动的乐趣，激发学生的学习兴趣。教师应该做出哪些改变？威克斯教授清晰而简洁地提出学校作为学习共同体，教师预期实现的行为包括：小组活动；合作学习；给予学生思考的时间；学生之间的协同学习；项目式学习；教师间的合作和互相支持。这和陈静静院长提出的学生学习发生的六个必要条件相呼应。如何改变教师行为？威克斯教授讲了四点改变教师行为的主要方式，即自我反思、对话、调查研究、有指导的实践。每一种方式都有操作要点，这对教师的行为改变有极大的指导作用。不断地反思、实践、对话、研究，看似简单，却恰恰是我们教师所缺乏的。

四是安排了核心素养时代如何进行课堂改革的讲座。张华教授从信息时代的大背景出发，作了"论素养本位课堂教学"的讲座。张教授首先讲了什么是"惰性知识"，所谓"惰性知识"，就是由零散的学科事实所构成、适应外部考试之需要、不能在生活中应用和解决问题的知识。张教授指出，这类知识是僵死的、惰性的、无用的、无生命的、贫瘠的，是心灵的"僵尸"或"朽木"。接着引用怀特海的话对惰性知识做了猛烈批判。"仅仅拥有许多信息的人是上帝创造的地球上最无用和令人厌烦的人。""充满惰性观念的教育不仅无用，而且至关重要的是，它非常有害。""我认为主要为了考察单个学生的外部考试制度不会产生任何教育效果，仅造成教育浪费。"那么什么是真正的知识呢？张教授引用了杜威的话：知识的价值，全在它的应用，所以不是现成的，必须由我们自己研究寻求出来，把它的结果用来证实它的价值，证实之后，才可算是知识。并进而指出，知识的本质是观念，观念的本质是实践。对知识内涵正反两个方面的揭示，足够颠覆我们的传统知识观。怎样学知识？张教授明确提出：走向"学科实践"。所谓"学科实践"，即学科知识的发明、创造与应用的实践。它是一个学科领域的专家从事学科探究的典型实践。最后，张教授讲解了走向"素养本位教学"的六大行动，即确定"生成性主题"；转化"素养目标"；凝练"学科大观念"；确定"素养表现"，亲历学科实践；设计"表现性评价"；倡导"跨学科学习与教学"。张教授的讲座为核心素养时代如何培养负责任的创造者提供了理论依据和实践路径。

不断进行知行合一的转换。课例研究中运用理论对实践的反思和透视，各位专家的讲座中大量运用"行"的案例来解说和诠释理论，使理论与实践不断呼应和转化，给与会者的启发是极其震撼的。

三、论坛创造了诸多的行动成果

（一）研制、发布、解读了学习共同体建设行动宣言

宣言，意味着在公共的、公开的场合对所要发布的内容做最庄严、最郑重的宣告。本次论坛研制、发布并解读了《基础教育"一个都不能少"学习共同体建设行动经棚宣言》（以下简称《宣言》），宣告了"12个必须"，即必须直面教育的核心问题；必须去除教育的功利心；必须办面向每一个学生的教育；必须办面向每一位教师的教育；必须把每一所学校、每一个班级建设成为"学习共同体"；必须让教学变成协同研究；必须让学习变成探究和创造；必须重构学校课程；必须让课堂改革成为教育管理的逻辑起点和工作重心；必须重建学校治理体系；必须让评价变成欣赏和帮助；必须走向教育行动研究。这是对赤峰市学习共同体建设行动的背景、面临的形势和挑战、基于的问题和原因、具体行动方略和主要内容，做出的最简约、最精练的概括和表达。

《宣言》的启蒙性、学术性得到了张华教授等专家的指导和认可，其

实践性、可行性得到了全体与会人员的肯定。《宣言》的发布标志着"建设学习共同体，办'一个都不能少'的真教育"行动正式开启，标志着基础教育人走向了新的认识高度和实践深度。

(二)研制通过了《实施"一体两翼三评价"建设学习共同体内蒙古行动方案》

8月17日下午，与会各方代表讨论通过了《实施"一体两翼三评价"建设学习共同体内蒙古行动方案》(简称《方案》)。《方案》在开篇第一部分"行动背景"里即明确做出表达：探索"实施'一体两翼三评价'建设学习共同体"的学校内涵整体发展策略，是基于对教育大历史、现实根本问题和未来新发展趋势的深度把握做出的审慎选择。接着做了简要分析，力图使人理解我们的教育从哪里来，在哪里，要去哪里。

《方案》第二部分是"行动战略"，在简要描述了行动的指导思想、工作目标后，进行了行动"模型"的建构。选取课堂、课程、教师成长、校本教研、管理、班集体建设、评价等七个关键要素，进行"一体两翼三评价"和"学习共同体"的系统架构，形成学校和区域的改革逻辑。

"一体两翼三评价"中的"一体"，即以课堂转型为核心，实施课程教学改革，保障每个孩子平等的高品质学习。"两翼"，一是学校(班级)管理方式转型，二是教师成长方式转型。"三评价"，即改进对学校的评价，改进对教师的评价，改进对学生的评价。

在建构行动模型的基础上，提出具体工作任务，即开展"六项行动"，追求"六个转变"。如何在学校和区域层面展开行动研究？于是又提出了学校教育变革的逻辑，即以课堂为核心，形成由内向外次第展开的"四个同心圆"以及由外向内循环互动的旋涡式结构：课程教学改革(教师成长)；校本教研；学校管理；专家互动指导。评价蕴含在每个同心圆之中。围绕课堂转型和教师成长，实现课堂与课程、教研与成长、管理与指导的相互促进和校长、教师、专家的有效互动。

为确保行动的有效展开，《方案》进一步提出了行动中应遵循的十条理念，条条指向传统教育实践的弊端。

《方案》第三部分"工作实施"对市教育行政部门、区域层面和学校分别进行了工作安排和部署。

《方案》第四部分对学习共同体建设未来成果预期做了七个方面的描述。

一是教学走向协同研究，形成探究式、协作式、体验式的课堂生态。

二是每个学校建构出自己的课程体系，每个老师成为课程创生者，单元型、主题型、项目型、融合型课程建设初步形成，学科课程、跨学科课程、综合实践活动课程建设均有实质性进展，向着"创生性课程领导"的新育人模式迈进。

三是教师不断成为反思性实践家，"观察—描述—反思—改进"和"读书—实践—写作"的方式，成为教师生活常态，不断支撑教师主动成长。

四是学校管理实现根本转型，指向激发人的创造性，指向促进、帮助教师成长和教学转型，体现民主型、研究型、创造型文化的学校治理新体系初步形成。

五是学校、教师、学生评价变成欣赏和帮助，变成问题发现和行为改进，初步实现"教、学、评"一体化。

六是形成区域有机的教育生态，学生综合素质显著提升。

七是形成标志各项工作成果的论文、著作、实践案例。成果以文字、图片、音频、视频等形式呈现。

（三）呈现了13节本土化课堂实践成果

克什克腾旗在部分学校的部分班级仅仅行动了一年，课堂就发生了显著的变化，老师们不断走向教学理解、儿童理解和学科理解。论坛上呈现的13节课例，就是众多改革者们的本土化实践成果。他们在以实际行动创造着新的课堂、新的教育生态和新的自我。笔者将他们的名字恭录于此，以便留下历史记忆。

吴　琼　小学语文　经棚民族实验小学

张艳萍　小学语文　经棚第二小学

王凤娟　小学语文　经棚镇中心完小

朱丽贤　小学数学　经棚民族实验小学

兰　丽　小学数学　经棚第二小学

孙晓光　小学数学　宇宙地中心完小

谷香玲　小学英语　经棚第二小学

代磊磊　小学英语　宇宙地中心完小

王　丹　小学艺术　宇宙地中心完小

谷玉娟　初中语文　萃英学校

王忠奎　初中道德与法治　宇宙地中学

赵晓娟　高中生物　经棚一中

丁建华　高中语文　经棚一中

(四)呈现了有代表性的区域、学校和教师个人经验

论坛上，克什克腾旗教育局局长介绍了旗域内学习共同体建设的实践与探索历程，为区域整体行动提供了有益的经验。赤峰红旗中学薛鹏志校长以鲜活的故事介绍了对学习共同体的认识及校本化行动。地质二中梁士魁老师以"积极学习和践行学习共同体的先进理论"为题，谈了一线教师对学习共同体的深刻认识和理解。目前，以克什克腾旗为代表的地区，以赤峰红旗中学为代表的部分学校，以梁士魁老师为代表的一大批教师，已经走在学习共同体建设行动研究的路上。改革的步伐是缓慢的、艰辛的，也必须是稳健的、渐进的。这些刚刚起步的认识、理解、行动、做法，尽管还显得很不"成熟"，但其蕴含的能量是巨大的，探索的精神是可贵的，行动的理论依据是先进的，在赤峰教育史上具有创新、发现、创造甚至划时代的意义，作为教育行政部门、全体教育人，应给予耐心呵护和百般珍视。

论坛上，学习共同体研究院为教育局授予了"学习共同体建设实验区"牌匾。教育局认定了赤峰市首批学习共同体建设实验区及学校，并颁发了牌匾。名单如下。

学习共同体建设实验区：克什克腾旗、林西县。

学习共同体建设实验学校：松山区穆家营子镇下洼子明德小学、克什克腾旗经棚民族实验小学、克什克腾旗宇宙地镇中心完全小学、克什

克腾旗经棚镇中心完全小学、克什克腾旗宇宙地镇中学、宁城县第三中学、宁城县第四中学、赤峰红旗中学、林西县第一中学、克什克腾旗经棚一中。

乡村小规模学校发展联盟：大营子寄宿制小学、繁荣寄宿制小学、大川寄宿制小学。

（五）生成了一大批有专业水平的文章

以往老师们一般是不写文章的。为什么？写不出来。为什么？没有思想。为什么？没有持续变革的行动与反思。论坛结束，在临时组建的学习共同体微信群里，参会的老师们不断讨论，不断用文章展示自己的学习心得、课例反思和行动思考，呈持续的"井喷"现象。为什么原来不愿意写、不会写，现在人人跃跃欲试？就是因为老师们在行动中、在观察中，眼里有了儿童、行动有了理解、心中有了思想。下面列举一组有代表性的文章。

宁城第三中学卜玉芬：《学习共同体课何以让学生学得"爽"——王晓叶"函数的初步认识"课堂观察与分析》；

赤峰实验中学孟敏：《课堂上，教师必要做的那些事儿——以程春雨老师〈背影〉课堂为例》；

宁城第三中学赵晓博：《当我们谈论学生的时候，我们该谈论什么》；

赤峰实验二小陶亚环：《倾听让学习真实发生——以〈登泰山观日出〉为例》；

克旗经棚镇中心完小王凤娟：《倾听不是"放羊"还需教师适时指导——〈小桥流水人家〉教后反思》；

克旗教育教学研究中心张晓丽：《让对话真实发生——以程春雨老师的〈背影〉教学为例》；

克旗经棚镇中心完小张雪：《课堂观察也是与自己的"相遇"与"对话"——三篇课堂观察报告读后感》；

克旗经棚第二小学谷香玲：《以蚂蚁之眼聚焦课堂，反观我的课堂教学——以小学英语四上 Unit2 My Schoolbag B Let's talk 为例》；

克旗经棚镇中心完小赵新艳：《基于学习共同体课堂教师角色的反思——以叶建军老师 *Water Around Us* 一课为例》；

克旗经棚民族实验小学张磊：《杨懿的语文课——〈古诗两首〉课堂纪实及反思》；

内蒙古松山区明德小学万素丽：《真实，让学习走向深入——借吴琼主任〈四时田园杂兴〉二首课例浅谈》；

赤峰实验幼儿园王暄淇：《参加"首届基础教育学习共同体建设高峰论坛"学习体会》；

教育局丛智芳：《我们要怎样读懂课堂》。

四、论坛创造了多个前所未有的新高度

(一)参加论坛专家团队学术层次之高和人员结构之良前所未有

结构上，既有课程学者，又有行动专家；既有亲自上课的名校校长，又有一线的全国领航教师；既有国内名家，又有国际友人。专家团队的学术水平和实践能力，代表了国内国际一流水准。比如张华教授，他是杭州师范大学教育科学研究院院长、教授、博士生导师，教育部基础教育课程改革专家工作委员会执行委员，国际课程研究促进会荣誉主席，课程论领域国际知名学者，也是在理论与实践层面对赤峰教育产生深刻影响的一位专家。比如，上海师范大学教育学院副教授、学习共同体研究院陈静静院长，力行学习共同体建设十余年，在全国范围内产生了广泛影响。比如伦纳德·威克斯教授，是美国杜威学会前会长、杭州师范大学东西方教育研究所所长、天普大学荣誉教授，杜威教育思想的研究者、实践者、发展者。

(二)参加论坛的行政领导级别之高、基础教育各方代表之全前所未有

市人民政府副市长，市教育局、旗县区教育局局长，来自北京、陕西和内蒙古包头、巴彦淖尔市、呼伦贝尔市、兴安盟的相关领导、老师，市教育局部分科室人员，市教研中心主任、副主任、部分教研员，各旗县区教育局长、副局长、基教股长、教研室主任、学科教研员，部

分中小学校的校长、园长、基础教育各学段老师共700余人参加了这次高峰论坛。副市长在启动仪式上做了重要讲话。通过此次论坛学习，很多旗县区教育局一把手局长对教育的认识和改革的意愿有了前所未有的新理解。林西县局长对学习共同体建设行动认识深刻，已经走在行动的路上。翁牛特旗局长不断反思、不断慨叹，"这次论坛彻底颠覆了我对教育的认知"。

（三）参加论坛的教育媒体层次和专业高度前所未有

中国教育报刊总社雷振海副社长，《中国教师报》周刊主编褚清源全程参加此次论坛，全程参与了课例研讨。论坛上，雷社长为大家回顾了中国课程改革的背景和发展历程，展望了未来前景，具有指导和启发意义。褚清源主编进行的论坛主持和点评，具有较强的专业性和学术性。

（四）参加论坛人员自始至终"一个都不少"前所未有

参加论坛的700多人，从主会场到分会场，从听讲座到参与研讨，大家自始至终热情高涨，没有一个人缺席。这是迥异于以往任何专业活动效果的。是什么力量把大家吸引住了？是师生合作创造知识的学习共同体课堂，是其公共、民主、卓越的性质，是倾听、对话关系的建立，是保障每一个儿童学习权的行动，是基于观察、描述、反思、改进的课例研究，是基于看得见的理想课堂经验的学术讲座，是一系列行动研究带来的解放与创造的愉悦，是诞生新的教育理解和思想的快乐。如果把这些因素做一抽象概括的话，那就是"真"，所有的行动，共同指向了教育的"真"。求真，是人的本能，求真，最能激发人的力量。论坛，似乎变成了一个汇聚各方声音、各方力量的"旋涡"。

（五）论坛结束后的反响和持续行动前所未有

论坛结束后，很多学校自发组织老师进行反思和研讨，部署下一步工作。很多地区和学校把学习共同体建设当作新学年的重点培训内容。很多参会老师自发撰文、参与微信讨论，不断掀起一波一波的研讨浪潮。上海的专家们也在以各种指导方式"推波助澜"。这正是举办论坛所期望的效果。论坛的作用是什么？就是以学习共同体建设为载体，开启新的教育未来，开启信息时代的创造教育，开启赤峰教育人一种新的生活方式：教学即研究，教学及倾听对话。

论坛结束了，论坛所引发的讨论甚至争论还在继续着。这就是启蒙的力量，这就是赤峰教育发展的动力。但是我们需要冷静思考，面对一些声音和言论，必须超越经验主义，走向理性分析；超越理论思辨，走向行动研究；超越平庸，走向学术理解；超越工具性存在，走向生命创造。"让教学变成协同研究"，首先意味着教师在研究中反思、改进和成长，成长自己的行动能力和反思能力。一个不断反思和成长的教师，怎么会有教育变革的失败？就教育内部而言，解决教师职业倦怠问题的办法之一，就是让教学变成研究和生命创造，就是学习共同体建设。

什么是生活？有人说生活的本质是问题，生活就是不断地解决问题，幸福的生活就是不断享受解决问题所带来的快乐。学习共同体建设行动就是一种直面问题、不断进行协作式问题解决的新生活方式。这种新的教育生活就是行动研究，就是在行动中不断反思自己，改进自己，改进教学，改进教育的行动方式。试想，如果一个人天天直面问题、解决问题，这个人在解决问题中不会成长吗？这样的教育质量不会提升吗？我们的教育之所以没有长进，就是因为我们长期遮蔽问题、回避问题甚至绕开问题，就是因为指责的人多、抱怨的人多，行动的人少、研究的人少。如果不去解决问题，我们如何成长，如果不去解决问题，我们如何加深对教育的理解。那种持改革会失败论调的人，其实是不想解决问题，不想成长自己，把问题藏起来、绕开去，得过且过混日子，如此而已。为什么有很多人那么喜欢到处寻找教育"秘密"，那么喜欢引进现成"答案"，他们以为教育是可以复制的，是可以按操作流程加工的，是可以偷工减料的。这是对教育最简单、最粗暴的扭曲和践踏，这是典型的技术主义做法。

一切改革的答案在现场，一切教育的理解在行动。

行动可贵，行动不易，行动有趣。

行动，行动，唯有行动，教育才有改变的可能。

走进行动研究的概念重建和教育创造——对左旗学习共同体建设推进会的反思

2020 年 10 月 20 日至 21 日，巴林左旗一天半的学习共同体建设推进会结束了，不知此次活动给大家留下了什么，带来了什么？我一直怀着美好的期望，期望校长和老师们能够结合本校和自身实际，对一天半的活动进行整体的和局部的深度反思。过后反思的力量，常常远远超过现场的感受。

校长们定会鲜明地感觉到，旗教育局对此次活动是高度重视的，教育行政、业务紧密配合，局长、股长及相关同志全力以赴，行动的力度是空前的。

如何看待本次活动？

在我看来，这是区域课程改革再出发，追求"一个都不能少"真教育的本土化行动；这是育人方式、教研方式、教师成长方式、评价方式、学校管理方式全面转型的启动；这是对教育、教学、学习、教研、管理、评价等元概念的重新追问和确认；这是巴林左旗每一个教育人基于教育现实的困境和教育理想，先从改变每一个自我做起的生命自觉的唤醒；这是基于学习共同体建设的哲学，从教育的腹地——课堂出发，途经教研、评价、管理等领域和关键环节，进而在互动互生中，进行课堂的、班级的、学校的、区域的教育生态深度重构。

一、读懂课堂，才有可能进行真实有效的学校管理

我们能读懂课堂吗？在学校里，这首先是对校长的最大挑战。

我及学习共同体的团队成员，作为巴林左旗教育发展的参与者，按照从行到知、知行统一的逻辑进行行动研究的模块设计，首先推出谈杨院长如何建立"观察—描述—反思—改进"的校本教研新范式的线上讲

座。时长仅 38 分钟，却足够颠覆我们的传统听课方式，视角指向了学生学习的事实，指向了每个学生的学习是否真实发生，是否走向了深度学习。而这样做的目的，是基于学生学的观察证据，反思我的教学、我的课堂里存在什么问题，该怎样改进。

接下来就是校长、教师走向学生身边的课例观察。这一以"行"为主的模块设计，旨在通过一文一理两个学科的不同教学呈现，引导校长们如何读懂课堂，什么是我们倡导的学习共同体教学方向，什么是教学要体现的教学本质和学科本质，以及让校长们领略教师应该具有的学科素养、课程论素养和教育实践素养。大家是否知道，让校长们深度观课已属不易，坐到学生身边、凝神聚力全程重点观察一个或一组孩子的学习更是难上加难。也许是有前期的行动基础，也许是校长们自身素质较高，一出场就有惊人表现，几乎完全融入了这种基于倾听和对话的、协作式问题解决的课堂。

课例研究分别呈现了语文和数学两个学科。两个学科的教学设计和实施，都体现了相应的学科本质。

比如五年级语文《在柏林》，韩中凌老师在学生提出疑问的基础上，紧紧围绕"老兵到底说了什么"这一核心问题展开探究和对话，从阅读理解到写作表达，不断指向"语言的建构和运用"这一语文学科核心素养的实践。四年级数学"数学广角"以"一种电脑小游戏，玩 1 局要 5 分钟，可以单独玩，也可以双人玩。小东和爸爸、妈妈一起玩，每人玩两局，至少需要多少分钟？"这一具有完整问题情境的任务设计为驱动，引导学生在协同探究中寻找最优的解决方案。然后扩展到"4 个人、5 个人、6 个人"的问题解决过程。整个协同探究过程，是学生不断解决问题、获得"经验"的过程，是发展学科思维和学科理解的过程，其不断指向"数学抽象、逻辑推理、模型建构"等数学核心素养的发展。

两个学科都体现了教学的本质：让教学变成协同研究。即教师在真实的问题情境中不断引导学生探究和体验，在倾听对话中不断挑战更高水平的学习，在已知的经验中不断走向对未知的探索，在探究和体验中不断引导学生产生和创造自己的思想和理解，在倾听学生的"告诉"中不断理解和研究学生。"让教学变成协同研究"，这意味着教师一边帮助学生研究学科，一边在倾听学生中研究学生。这样，教师把教学与研究融为一体，把研究学科与研究学生融为一体。即教学就是教学研究，教学就是学生研究，教学就是教师专业成长。当教学变成师生协同研究之时，教师就天天活在发现学科、理解学科，发现儿童、理解儿童之中，可谓生命不息，经验不断，理解不尽，成长不止。

当课堂教学不断走向学科本质和教学本质的深度融合中，学生们在协同的学科实践中不断发展基于学科核心素养的学科理解和学科思维。比如，语文课上，学生不断进行阅读鉴赏、表达交流、梳理探究的"语言的建构与运用"的实践活动；教师不断倾听、研究每一位学生，不断"让学"，不断在共同体中引导每个学生挑战更高水平的学习。这样的教学会怕考试吗？会影响升学吗？当然，在行动初期，我们所看到的课堂事实，还没有形成那种安全、润泽、协同的最佳状态，需要在"让教学变成协同研究"的行动中慢慢发育、养成。

校长不能读懂课堂，不能读懂教学、学习的本质，不能理解和把握教与学的本质关系，就无法跨入现代教学的门槛，就无法落实基础教育新的课程理念，就无法建立与此相适应的新的育人方式，就无法适应当下的新高考。当然，仅仅靠一两次活动和培训，是无法"读懂"的。活动，给我们提供了一种研究的视角、思路和范式。

读懂课堂，引领课堂，建设课堂，能为课堂"打样"，这是校长课程领导力的核心所在。有了这个前提，校长就会生出诸多的管理智慧。

二、读懂课例研究，才有可能引领教师在行动研究中成长

我们能读懂校本教研吗？这是对校长提出的第二个挑战。

为什么大部分教师不喜欢教研？为什么教研大多沦为形式？一直停留在"教的逻辑"的教学研究，我们重复了多少年？我们深陷伪教学、伪研究的泥淖而不能自拔。在此，真的要感谢学习共同体建设的前辈大师引领我们走出历经几世几代的教研误区，走上研究的正轨。

本次活动，浓墨重彩地展示了课例研究范式。上课开始，无论上课者还是听课者，就开始了指向儿童学习事实"观察"的教学研究（学生也在以研究的姿态展开学习）。下课后，马上进行由部分学生参与的以教

师为主的课例研讨，这是对"观察—描述—反思—改进"新教研范式的践行，这是教研逻辑的重建，这是哲学"现象学"在教育学中的应用。"观察"，是排除前概念，直面教学现场的倾听、体察和数据收集；"描述"，是基于观察到的证据对教学事实进行理性的讲述、分析和交流。在观察之前不要急于评判和下结论；"反思"，是基于自己的"看到"和同伴的交流来反思和"发现"自己的教学，不断走向对学科的理解、对教学的理解、对自己的理解。"改进"，这才是前三者的目的，研究是为了改进自己（这四者不可做鲜明的阶段性划分）。于是，在日积月累的课例研究中，不断从模糊的感觉到理性的发现，发现自己的所长所短，进而不断坚守自己、改进自己、生长自己。

中共中央、国务院印发的《深化新时代教育评价改革总体方案》中提出要"探索建立中小学教师教学述评制度，任课教师每学期须对每个学生进行学业述评，述评情况纳入教师考核内容"。看来，我们以这种新的教研方式做在了前面。

现场交流让我们看到，由于校长、主任和老师们深度"观察"了，观察视角调整了，才有整个生命的被唤醒和被激活，才有个人视角的精彩描述和深刻反思。协作与探究、倾听与对话、串联与反刍，等等，成了大家研讨的通用语和高频词。不断指向学生学习是否真实发生，如何发生，还有什么更好的解决办法，如何设计挑战性问题，如何走向深度学习，成了大家研讨的主旋律。

课例研讨结束，接着由巴林左旗教研室魏丽、上海六灶中学王晓叶等几位专家结合课例进行讲座。这是基于学科本质和教学本质的理论解读和专业引领。首先进行教学文本的专业解读，进而引出对学科本质的深度透视。其次，对教学事实的解读，进而引出对教学本质和课程本质的深层揭示。最后，走出学科，通过新旧教学的对比，走向对学习共同体的理解。

校长、主任、老师们以研究的目光，专业的视角不断打量儿童的学习，不断聚焦教育的一个个具体问题，通过同伴的持续交流，学科专家、课程专家的持续引领，教师们何愁不能走向课程教学的深处和自身的专业成长？校长、主任们怎会没有办法引领、帮助教师们成长？

这样的校本教研，还会被教师讨厌吗？这里的关键是，校长，要有能力读懂和引领真正的校本教研，使之成为学校管理的主旋律。

日本教育家佐藤学教授在《静悄悄的革命》里说：要改变一所学校需要不断开展校内教研活动，让教师们敞开教室的大门进行相互评论，除此以外别无他法。

如何进行校本教研？他说：我认为要让学校转变至少需要三年。第一年，在学校里建立起教师间公开授课的校内教研体制。第二年提高研讨会的质量，以授课方式和教研活动为中心，重新建构学校的内部组织机构。第三年，以学生和教师有目共睹的转变为依据，把新的授课方式和课程设置正式固定下来。通过如此三年的教研活动，学校就可能成为一所像样的学校了。

三、读懂教育的"概念"，才有可能更理性地展开行动研究

我们能读懂什么是真正的教育吗？上升到概念层面的理性追问，这又是对校长及所有教育人的专业挑战。

作为一线的教育人员，我们大多长期停留在对教育理解的感性层面，而无法走向概念层面的理解和反思。面对很多教育问题和现象，包括对学习共同体的态度，我们绝大多数人仅仅是一种经验的感觉，而非专业视角的辨析和判断，因而很难进行专业的反思和改进，却常常做一些无谓的争辩。

面对杜威、陶行知、张华、佐藤学等诸位教育家的教育思想和实践，面对国家对新课程育人方式转型的要求，面对全球对教育的呼唤，我们必须对教育，包括教学、学习、课程等进行概念重建。概念，是最理想的、理论化的现实。"重建"，意味着对传统的颠覆。有了科学的概念，才能照见教育现实的残缺，才会发现教育的深层问题所在，才有可能更理性地展开行动研究。

经历了前面的课堂实践、课例观察、课堂研讨这些以"行"为主的体验和探究过程，21日上午，我为全旗中小学校长、主任、教研员、骨干教师，作了以"知"为主的综合性讲座"走进学习共同体——为每个人的生命创造"。局长、副局长及局机关相关股长、教研室主任全程参加，

可谓"群贤毕至"。

行，是为了更好地知，进而更好地改进行。行、知原本是统一的，如王阳明所说：知之真切笃实处即是行，行之明觉精察处即是知。但陶行知发展了王阳明的思想，提出了"行是知之始"，使"行"具有了逻辑的先在性。对这一天半的活动设计，我们实践了对知行关系的重建。这个似乎是不经意的变化，应该引起大家的注意。前面的"行"，是行动研究、是行动创造。后面的"知"，则是在清理传统认识重重误区的基础上，结合实践学理的概念重建。

首先，是对讲座题目"走进学习共同体——为每个人的生命创造"进行了概念层面的揭示。

学习共同体，被日本教育家佐藤学教授誉为 21 世纪最重要的学校哲学。学习共同体建设，代表了世界教育的发展潮流，是基于赤峰市实际对落实我国基础教育课程改革的本土化行动，是对习总书记提出"人类命运共同体"的教育行动，体现了赤峰市办"一个都不能少"真教育的永恒价值追求。副标题"为每个人的生命创造"，既体现了全球进入信息时代，我国基于核心素养对人的培养目标：把每个学生培养成"负责任的创造者"，体现了每一个教育者应该是学校教育、课程教学的创造者（而不是被动执行者），也体现了每一个学生是在协同探究的创造过程中成长的，每一个教育者是在创造新的教育、新的课程教学中成长的。创造，意味着"个人精彩观念"的诞生，意味着从已知走向未知的发现，意味着把管理、教学等从线性控制变成"育生命自觉"和协作式问题解决的探究行动，意味着在改变教育中改变自己。

其次，在对学习共同体建设"十大行动"的讲述中，依次对教学、学习、课程、管理、评价、探究、尊重、民主、对话、创造等重要教育名词，进行了概念的"重建"。在对话中，引领校长和教师们对这些日常化了的名称上升到学术概念的高度来理解、体会和探析，上升到生命存在敞开的哲学高度去思辨、批判和确认。这里，每一个名词，都是一个无比丰富的信息库，都需要相关文化和理论来支撑。重建之难，就在于此。

比如，行动之一，重建课堂教学的逻辑，构建"让教学变成协同研究"的教学新生态。这里对教学进行了重新定义：教学就是在教师的指导下，师生基于真实的问题情境，通过自主和合作问题解决，对知识和生活进行探究和体验，产生和创造自己思想和理解的过程。旨在使大家把握教学的本质，理解"让教学变成协同研究"的深刻内涵所在。其中，对"协同""研究"两个关键词进行了剖析，这样，会使大家认清过去那种传递式教学的弊端。再如，行动之四，重建课程的逻辑，构建基于素养本位的创生性课程新体系。这里，涉及"课程"的概念问题，我们在讲座中对此定义如下：课程就是经验，就是教师带领学生，在真实的问题情境中，在与学科或生活的持续互动中，通过自主和协同探究，持续解决问题所创造的教师和学生个人的思想和意义。

当大家有了对这些教育"大观念"的哲学层面的理解，就会更有力地指导、创造我们的行动。当然，重建的过程，不仅是理论的思辨更是行动的探究、验证和发展。

四、读懂学习共同体，才有可能引领学校教育进行整体转型

如何读懂学习共同体？在讲座中，我们围绕以下几个方面展开对话。

（一）带领大家简要回顾了赤峰基础教育近年来的发展历程

2013 年以来，我市先后请来了国家课程改革"领军人物"钟启泉先生、张华教授，请来了普通高中国家课标组组长王尚志（数学）、巢宗祺（语文）、王蔷（英语）等多位学科带头人，请来了陈静静博士、谈杨院长、吴慧琳博士等学习共同体实践的先锋派人物，请来了美国杜威协会前会长威克斯教授来我市进行高峰论坛、学术对话和专业引领。在赤峰基础教育发展的历程中，每一个代表着当今世界教育前沿高度的专家的到来，都开启了一片思想的天空，都激活了一连串的深度阅读和思考，让我们能够呼吸到世界课程发展史、学科发展史的"新鲜空气"。比如，在课程领域，聆听、阅读张华教授的思想，就会使我们触摸到陶行知、杜威等先贤的思想，能够不断实现与他们思想的相遇和对话。

可以说，赤峰基础教育人，如果没有对历史的传承和珍惜，没有对

现实的建构和创造，就没有今天的学习共同体建设。今天，是历史灌溉的结果。今天，正在创造着未来。

（二）深度追问什么是学习共同体建设

常听有人轻松地说，学习共同体和我们原来做的差不多啊！

国家启动课程改革近 20 年了，我们的教育是否发生了根本改变？不能说没有进步。对于"学习共同体建设"，我们有必要继续追问它到底是什么。我们从七个维度，以清理思想地基的方式继续追问它的本质，把握其价值论、认识论和方法论。比如，张华教授对研究性教学做出如下阐释。

价值观上，超越个人与个人，个人与社会，不同群体之间，人与自然之间的割裂、对立与分离，走向彼此间的互动、共享与融合；认知方式上，超越"旁观者认识论"，走向"参与者认识论"；方法论上，超越机械僵化和线性的"操作程序观"，走向智慧行动、问题解决和探究论。

再如，张华教授对杜威对世界教育的三大贡献做了如下总结。

第一大贡献：让教育由原子化转变为关系性。"关系性"即师生、生生、师师互动，教育即关系，教育即共同体。

第二大贡献：让教育由传递现成知识或间接经验走向探究和创造，走向"直接经验"。一切间接经验都是等待验证的假设，必须亲自验证的经验才是知识。教育就是问题解决、反思性思维、知识的检验与创造。

第三大贡献：让教育永远植根于儿童、学科知识和社会生活的永恒互动当中。

这些伟大的贡献，这些穿透重重迷雾、闪烁着智慧光芒的教育思想，请问"差不多先生"，这些，我们做到了多少呢？

我们万不可仅仅停留在"差不多"的感性认识层面，或不分青红皂白地拒斥超越自己固有认知局限的思想，要以专业的视角去倾听、理解和批判，要在实践中去尝试、探索和创造。

今年（2020 年）年初，市教育局印发了《基础教育创新发展行动纲要（2020—2025 年）》，文件中提出的"十大行动"是对学习共同体建设行动的模型设计，是对学习共同体理念的实践化表达。这些，可以从行动层面加深我们对学习共同体建设的理解。

(三)以聚焦问题的方式追问为什么要进行学习共同体建设

一是为了解决赤峰教育的核心问题。2019年发布的《"一个都不能少"学习共同体建设行动经棚宣言》中这样写道：

"赤峰市教育的核心问题是学生的虚假学习、浅表学习、被动学习、竞争学习，由此导致学生'厌学'、过重'负担'和社会性缺乏等问题。问题产生的原因是：学习与真实问题和同伴互动分离；教学与探究和创造分离；课程与儿童经验和社会生活分离；教研与学习和儿童分离；教师成长与教学研究和自我反思分离；管理与课程教学和研究分离；评价与教和学分离；改革与行动研究和个人成长分离；学习、教学、课程、管理(包括各级教育行政部门和学校)、教研、评价等相互分离。虚假教研和虚假管理的大量存在，如此等等。我们必须有勇气直面这些问题，从这里出发，用力改变，追求'让学习真实发生'的真教育。"

其实，每一个校长、教师都应立足各自岗位，反思自己的问题，论证自己的问题，认领自己的问题，然后才有可能具有理性变革的愿望。学习共同体建设行动就是基于问题解决的行动研究。

二是为了顺应国家意志及世界教育的发展走势。国家要培养适应信息时代的、拥有核心素养的时代新人，无论是已颁布的普通高中新课程标准，还是正在研制的义务教育课程标准，无不强调指向学科核心素养的课程教学。新的高考、中考正在以越来越鲜明的导向倒逼整个中小学必须进行基于核心素养的课程改革。

有人认为，学习共同体的课堂好是好，但不能适应高考，不利于提高成绩。这种仅仅停留在经验层面的、片面的甚至是荒谬的言论，应引起每一个教育人的深度反思。试想一下，不断追求每个学生真实学习的发生，不断走向基于问题解决的深度学习，不断走向基于协同互助的挑战性学习和创造性学习，在核心素养命题背景下，怎么会不利于提高高考成绩？怎么会不利于培养核心素养？难道提高教学成绩还能有绕过真实学习、深度学习和创造学习的捷径可走？何况教育要为了人的终身发展。去年和江苏南通的一位业务局长交流，他说："在我们这里，高考考得好的学校，都是课改做得好的。"

三是为了每一个教育人的专业成长。每个学生是目的，每一位教育人的存在，也是目的。只有在共同体中、在协作式问题解决中、在倾听与对话中，才会实现"教学相长"。基于学习共同体的互动互生，每一个校长、教师就在不断创造自己的课程教学。一群生命勃发的、喜欢研究儿童、发现儿童的教育者队伍，如何不能实现"教天地人事，育生命自觉"呢？

（四）怎样建设学习共同体

2020 年年初，市教育局出台了《基础教育创新发展行动纲要（2020—2025 年）》（简称《纲要》），提出了开启"十大行动"的学习共同体建设方略。

"十大行动"，是围绕学习共同体建设的十个维度的行动，基于不同行动主体、不同内容领域，各行动间相辅相成，既有机联系、互动生成，又相对独立、开放生长，构成了多主体多维互动共生的教育生态逻辑。"十大行动"框架，旨在给教师、班主任、校长、教育行政干部提供一个从局部到整体行动和思考的动态"地图"。讲座内容对每一项行动的主旨、价值取向、基本思路做了概要的理论描述，对各行动的关系进行了逻辑上的清理和分析，使教育行政干部、校长和教师既能单向度理解，又能整体把握。各地各校、各位教育人可以把"十大行动"当作彼此对话的媒介和思考的工具，在实践中也必须要创造自己的行动。

在"十大行动"中，有三项行动指向育人方式的转型，包括：重建课堂教学的逻辑，构建"让教学变成协同研究"的教学新生态；重建学生知行的逻辑，构建"实践性德育"的育人体系；重建课程的逻辑，构建基于素养本位的创生性课程新体系。这三项中，课程与教学原本是一体的，不可分割，是教育的核心部位，也是教育改进的难点所在。德育，原本包含在课程里，为了突出其地位而单独表述，在行动中，必须要做一体化设计。

有两项行动指向教师发展方式的转型，包括：

重建教师成长的逻辑，构建校长（园长）、教师"读书—实践—写作"

教育生活新方式；

重建教学研究的逻辑，构建"观察—描述—反思—改进"的校本教研新范式。这是对传统的教师成长和教研方式的颠覆，非此不能实现教师有效的专业成长。

有五项行动指向管理方式转型，包括班级管理、学校管理、行政管理、教育评价和区域教育生态。分别是：

重建班集体建设的逻辑，构建"一个都不能少"的班级学习共同体；

重建学校管理的逻辑，构建以课程领导力为核心的学校治理新体系；

重建教育行政管理的逻辑，构建融学术型、民主型、服务型、协同型于一体的教育治理新体系；

重建教育教学评价的逻辑，构建"过程＋成果""欣赏＋帮助""表现＋考试"的学生、教师、学校评价新机制；

重建教育生态各要素的逻辑，构建"一个都不能少"的区域学习共同体。

这是从管理的角度提出如何建设学习共同体。无论教育行政管理，还是学校管理，都要直接或间接指向课堂和课程建设、教师的专业成长，指向"解放"每一个儿童、每一位教师，走向探究和创造。

在"十大行动"中，当前各地实验区和学校主要在第一项行动（核心）里展开行动研究，但存在着管理、评价等行动对此"给养"不足的问题，需要校长和教育行政干部从管理的"高处"不断走向课堂的"深处"，进行整体设计，既要立足核心，又要走向"十大行动"的整体，使管理、评价等各项行动的"转型"有实质性进展，使各行动主体协同运行、互动互生，逐步实现课堂、班级、学校、区域的教育生态重构。

其中，教育行政管理，为了改变指令性、单向性、控制式的行政管理倾向，改变行政管理与课程教学分离的现状，探索融学术型、民主型、服务型、协同型于一体的教育治理体系，市教育局学习共同体专家团队在持续的行动研究中，重建了具有我市特点的行政管理机制，《纲要》对此做了如下总结。

创建与基层融行政管理与课程教学研究一体化的共同体对话机制；

创建与基层协作式问题解决的共同体协同研究机制；创建与基层从行到知、以知促行、知行合一、以实践（创造）为中心的学习共同体行动研究范式。

巴林左旗这次推进会的样式，就是对上述两个"机制"、一个"范式"的卓有成效地实践。

其中，学校管理，要把尊重、倾听、对话、探究、创造这些闪烁着民主或科学精神的理念转化为管理制度，逐步变成师生教学或学习方式，形成学校文化；要让管理者成为"让教学变成协同研究""建立校长、教师'读书—实践—写作'教育生活新方式""构建'观察—描述—反思—改进'的校本教研新范式"等诸行动的参与者、保障者、引领者和创造者。

五、读懂行动研究，才有可能走向对教育的真正理解和创造

从最一般的意义说，学习共同体建设，这是对行动研究和问题解决工作方式的开启。倡导行动研究，说明我们过去的工作行动与研究分离，缺少反思，不断走在重复的老路上。

行动研究，意味着基于教育问题在行动中不断解决问题，不断反思改进，改进自我、改进工作。行动研究，意味着让教学变成创造，不断创造新的自我、新的教育。行动研究，作为校长，意味着要像教育家一样不断创造新的学校；作为教师，意味着要像教学专家一样不断探索和创造新的教学。拒绝行动研究，就是在遮掩问题，拒绝问题解决，拒绝做自己，拒绝对自由和创造的追求。行动研究意味着创造的行动研究，这是教育者应然的存在方式。

大家可以反思一下，过去我们进行了多少次"改革"，为什么没有实现教育的根本转型？为什么很多几乎做了一辈子教育的教师甚至所谓的专家还在纸上谈兵？就是因为没有走向行动研究。过去的惯常做法是，先理念培训、理论讲座，然后模式推广，再检查督导跟进。这种模式的错误在于，认识上是先知后行的；内容上是"拿来"的；方法上是强行推广复制的。因为经验是不能灌输的，"行是知之始"；经验是不可"拿来"的，必须经过自己的行动创造；经验是不可复制和推广的，只有在行动

中改变教育才能理解教育。

如何走向行动研究？区域和学校可围绕以下几个方面着力。

1. 制定行动方案，不断行动、反思、改进、丰富。

2. 持续开展以课例、管理、评价等为主的校本教研和区域教研活动，形成常态化。

3. 以课题形式开展行动研究。不断聚焦问题，聚焦"十大行动"，不断回归原点，深化问题解决。

4. 培育自己的典型，不断创造自己的实践样式和话语体系（行政、业务、区域、学校、班级、教师）。

5. 区域、学校日常的每一次教育教学活动，都要进行专业视角的设计和行动展开。

6. 加大专家引领的力度和开放度。

7. 制定领航学校和领航教师必要的扶持政策。

8. 及时收集数据，持续总结、宣传、分享和交流。每一位参与的校长、教师都要把写反思变成习惯。

走向行动研究，深度进入学习共同体建设，不是看几本书、学习一些所谓的共同体理论、借鉴一些方法就能实现教学的转型。校长不仅要有管理素养，还要有学科素养、课程与教学论素养。教师必须兼具学科素养和课程与教学论素养。学习共同体建设背景下的行动研究，每一位教师应围绕以下几方面进行自我追问、自我反思。

1. 教学第一要追问学科本质和指向学科核心素养，基于此，才会有好的教学设计和教学展开。

2. 教师必须是学科理解和学科实践的示范者。

3. 教师必须是基于民主的协同探究教学的守护者和发展者。

4. 教师必须通过构建倾听对话关系，保障每一个儿童的学习权。

5. 教师必须基于真实的问题情境，引导儿童实现深度学习。

6. 教师必须引导儿童成为"表现—存在"的立言者和创造者。

7. 教师必须具有较宽广的人文视野和较深刻的思维品质。

结语

行文即将结束，似乎还有话想要说。我还想继续追问。

我的学校有问题吗？我的学校的核心问题是什么，我需要改进吗？我该如何确定我的改进路径？学习共同体建设可行吗？我能选择吗？当我们提出要"保障每一位儿童的学习权和每一位教师的专业成长权"时，这是否才是管理所应追求的"精细化"和终极目标？当我们提出要"以民主的、倾听对话的方式把每一位学生培养成负责任的创造者"时，这是否应该成为学校教育的最高哲学？当我们提出"让教学变成协同研究"时，这是否应该成为校长管理的主旋律？当我们提出要建立教师间打开彼此课堂、相互倾听、互动共生的同僚关系时，这是否才是具有高超协调能力的校长应用力之关键？

诚如佐藤学所言：所谓"好学校"，绝不是"没有问题的学校"，而是学生、教师和家长共同面对"问题"、齐心合力致力于问题解决的学校。所有的教育行动，都应该是行动研究，都应该是齐心协力的问题解决。行动研究，是学习共同体建设、学校教育整体转型、教育生态重构的必由之路。

让我们在行动研究中，不断进行概念重建。在概念重建中，不断创造新的教育、新的自我。

面对面：透视问题背后的逻辑——与阿旗领航学校教师的对话

问：学习共同体的课堂，学生学习速度降下来，教学进度赶不上怎么办？

答：什么是教学进度？是教师教的进度，还是孩子真实学习的进度？这里有两个误区。第一个误区是把课程切割成课时，导致基于课时本位来思考进度是否完成。那么，我们为什么要倡导课程改革，而不是课时改革，或者叫课堂改革，就是一定要在真正的课程语境里来思考这个问题。课程最小的单元，应该是基于大问题、大主题、大项目的一种设计，我们今后的教学设计应该是走向单元，而不是仅仅基于一个课时

40分钟，这是容纳不了的。我们追赶的不是教科书的进度，追赶的是孩子学习经验的丰富程度、经验的获得。或者说，知识是学不完的，一课时怎样叫结束？怎样叫完成？我刚才在荞麦塔拉小学听了一节三年级的语文课"永远不倒的老屋"，下课铃响了，周老师又上了十分钟，她要追求课的完美，要把学习单的两个任务完成。下课铃响的时候，第一个任务已经特别好地完成了，周老师也真的把语文课上对了，在不断地组织孩子与文本对话的过程中，进行语言实践活动，不断地阅读、鉴赏、交流、对话、梳理、探究，特别好！为什么还要把第二个任务用延时的方式完成呢？

当你指向孩子、以孩子的学为中心的时候，课程的生成性是特别丰富的，你是没法预料的。我们之所以设计这两个问题，当然是有老师引导的原因，到时间恰好完成一个问题，把第二个问题留到下一节课行不行？我觉得完全可以。因为我们追求的不是知识点的教学，追求的是基于核心素养如何给孩子提供更加丰富的经验。这节课孩子在真实的语文情境中，进行语文实践活动，进行语文的问题解决，这么扎实的实践活动，孩子得到了足够的经验，我们怎么能用他掌握了多少知识和所谓的进度来衡量？

我们的教师都一样上课参加活动，大家都在共同的时间里行走，所谓的进度不是等长的进度吗？为什么后来就有高下之分？这是从大的维度说。同样，在课时里也是这样，少就是多，慢就是快。所谓的少，内容要少，要指向学科大观念，而不是知识点。像马芯兰老师，没有搞课程改革，人家就把小学数学的900多个知识点，合并成大概400多个知识点，这不是"少就是多"吗？孙维刚老师，教数学从初一到高三，完全是打破教材体系的，他是基于孩子的问题学习，可能孩子的问题已经超越了初一年级，到初二初三甚至到高一了。就像我在幼儿园里说的那样，秦亮老师去美国考察，看到美国大班的孩子，有的探究深度达到小学三年级水平，在真实的游戏中探究，所谓知识的掌握是副产品，没有硬教三年级的知识，按照我们所谓的进度，这不是严重超纲超标教学吗？我们怎样理解这个"少"和"慢"？是指向学科大观念，指向学科核心素养，还是指向掌握知识点的多少？

所谓的慢，是要基于儿童经验，进行深度探究，走向深度学习，一定要把问题解决得彻底。我们始终追着知识点，似乎是会做那个题了，其实理解是不深入不通透的，没有走向个人深度的体验和创造，没有转化成带有浓郁的个人生命情感的一种理解和掌握。

这是从课时到课程的理解。

第二个误区，是教师教的本位。当我们把第一个误区解决好了，第二个误区就瓦解掉了。教的本位本质上是控制，为什么必须一节课就要学完这个问题？事实上如果按照我们现有的方式，教师虽然教完了，但是孩子发展得怎么样？再功利一点说，中考、高考分数怎么样？现在高考向学科核心素养转轨，2018 年语文高考命题就已经充分显现，再刷题能得高分吗？不走向阅读，不走向写作，不走向真实的语文实践活动，能不能得高分？一定是不能的。就像此刻，我们完全处在一个生成的状态，当然有设计，比如霍双校长设计的座谈时间到 11 点半或 12点，解决老师提出的 5 个问题，事实上，我们真要是把一个问题解决得特别好，特别有收获，那不就可以了吗？干吗非得追求 5 个问题？就像国家数学课标组组长王尚志老师说的，学数学要一批一批问题解决，要一类一类问题解决。看到某个教师出了一套卷子，可能有 10 道题，王尚志老师就引导他：能不能拿掉一道题？能不能再拿掉一道题？还能不能再拿掉一道题？这就是少就是多，慢就是快。

我们在现实中，基于少就是多、慢就是快，有时候就完不成进度了。能不能这样，我们要主动地向上级行政部门或者教研部门，申请给老师自由的空间，一学期不考试行不行？领航教师不接受抽测行不行？给老师一个保护。因为一开始是慢的，确实是慢的，慢的过程是孩子思维在用力发展的过程，当孩子越学越聪明的时候，探究能力越来越强的时候，思维品质越来越好的时候，对学科的理解越来越深的时候，他学习就会加速。孙维刚老师对六年中学数学课程做整合，实际上不到高二就把整个中学六年的课程学完了。但是我们现在传统的知识点教学，能不能高一把六年的课程学完？那是学不完的。所以从学校和行政部门角度看，要解放这些老师，相信这些老师，减少考试次数。就像蒸馒头理论，蒸馒头一会儿掀锅盖看看蒸熟没有，一会儿掀锅盖看看蒸熟没有，馒头是蒸不好的。人的成长不是匀速的，不是按照我们课时的节奏走的。其实课堂走向翻转之后，孩子不是齐步走的，也不是一课时一课时那么统一进度进行的，所以要给孩子空间，要给老师空间。甚至课时长短我们也可以去设计、去调整。

教育哲思

反思

反思的过程，即是不断将杂多经验进行逻辑编网和意义建构的过程。因为有了反思的统摄，每一个瞬间杂多的经验通过归纳和合并，进入了我们的意义世界。

管与教

管与教的本质到底是什么呢？

校长的管，是让教师成长、会教，是让教学变成研究，让每个教师成为课程领导者，是让每个教师过上"读书—实践—写作"的教育生活。教师的教，是让学，让学生学会、会学、乐学，是让学生过上自主合作探究的生活。

校长，在帮助教师成长中成长。教师，在帮助学生成长中成长。

为什么不能灌输

灌输的本质是控制，是照单接受。但人的学习活动，本质上是思维。思维的本质是探究的，是互动的，是无法被控制的。比如，我经常在听小说和听讲座时走神。原因是我在单纯被动听的过程中，常常思考所听内容，待回过神来，才发现讲座已讲了很长时间。

学生听教师的满堂灌何尝不是如此？

后　记

呈现在大家面前的这本小书，记录了我近年来实践全市基础教育改革与发展的一些思考、行动和理解。

我已从事教育工作 31 年，大体上可以分三个阶段。第一个阶段，在基层学校教学、做管理工作，在"随波逐流"中，追求在当时看起来很时尚的规范管理和目标教学。目标教学似乎给我带来一丝光亮，但随后又黯淡了。现在看来，"规范""目标"的本质是控制，指向"掌握"知识的价值取向。第二个阶段，在国家启动基础教育课程改革的大背景下，我从基层学校到了教育行政部门工作，开始了理论学习和实践反思，努力地去改变自我和教育现状，追求精细化管理和高效课堂，把时间还给学生，但依然是高效掌握知识的控制，依然没有抵达教育的本质，依然没有找到改变教育现实的有效路径，依然没有跨入教育的"门槛"。第三个阶段，继续在教育行政部门工作，面对人工智能和教育核心素养时代的到来，我对生命和教育走向深入理解的阶段，也可以说是跨越教育"门槛"的阶段，开始走向基于倾听和对话关系的协作式问题解决的管理和教学，走向基于问题情境的师生协同创造个人思想和知识的教学。本书中所收录的文字就是在第三阶段形成的。

第三阶段，于我而言，不平凡。面对学生虚假学习、浅表学习、被动学习、竞争学习现象的大量存在，以及教师、家长乃至全社会对教育的焦虑，我们渴望走出这一困境。

2014 年，我和同伴们建构并实践了"一体两翼三评价"及其"六项行动"的学校内涵发展策略。2018 年，我和同伴们基于核心素养时代建构并实践着"建设学习共同体"及其"十大行动"。从基础教育二科到基础教育科的同伴们，与我一起开山架桥、肝胆与共，一路辛苦、一路感动，创造了诸多难忘、美好的回忆。领导和同伴们的支持、鼓励和参与，让我的行动坚定果敢，也是我这本书得以问世的原因。

生命的本质是相遇和对话。2015年，与张华教授相遇，使我进入了现代教育的思想轨道，进而打开了阅读陶行知、杜威等教育先贤的视野。每次阅读张华教授的文字或当面请教，都使我受益良多。我突然意识到，我居然才找到教育的"正道"，我开始重新实践和理解学习、教学、课程、成长、评价、管理等一些教育行动及其相互作用。2017年，与陈静静博士相遇，使我看到了"学习真实发生"的美好风景，看到了众多优秀教育理论在课堂上"落地"的真实样态，于是引燃了赤峰教育大地上的学习共同体建设，于是有了从上海到赤峰的一次次援助。局长们百忙之中的深度参与、亲自领导、学习研究，带动地区教育走向基于保障每一位儿童学习权的教育生态重构之路。这是我本人，更是赤峰教育难得的幸事。一大批校长、教师带着创造的冲动，也投身学习共同体建设的行动研究之中。专家、学者的鼓励和帮助，与基层教育人的协同研究，是拙作得以形成的基础条件。

贯穿本书的一条脉络，是我从现实的左突右冲到实施"一体两翼三评价"，再到"建设学习共同体"的持续行动、理解和反思。未来的日子，我将继续用行动走出肤浅，走出粗糙，走向教育和生命的深处。

最后，感谢丛智芳老师从我诸多的文字里，择其精要，理出头绪，编成章目，使杂乱的文字变成书的模样。感谢韩中凌老师加班加点地仔细审校。感谢妻子为我长年累月的默默付出，感谢女儿学业的独立和对我的支持。感谢父母一直默默地关注我的工作。知天命之年，各种际遇交汇，不胜感激。

刘学民

2021 年 6 月